あなたも霊視ができる本

ポーランド系の魔女が霊を味方につける方法教えます

魔女・女優・モデル
深月ユリア
Yuria Fukatsuki

文芸社

まえがき

私はポーランド系の魔女として活動してきました。そして、「魔女講座」と題して魔女になるための講習を行ってきました。

最近、スピリチュアルブームのおかげか、「魔女」になりたい方が増えているようです。私の「魔女講座」を受講される方は、たいてい最初は「魔女になるのは困難極まりないことで、私生活をすべて変えなければならないのか？」という不安な顔でいらっしゃいます。

しかし、実はそれは外国語を覚えるよりも簡単なことで、私生活もたいして変わらないでしょう。私は最短で一日3時間程度で魔女レッスンをすべて終わらせています。それほど大変ではありませんし、覚えなければならない知識もほとんどありません。

しかし、価値観は大いに変わるでしょう。**魔女になると、霊視《れいし》ができるようになります。目に見えないものや、森羅万象《しんらばんしょう》の生命エネルギーが感じ取れるようになります。**

人間のみならず、動物や植物のエネルギーも感じ取れるようになれます。トレーニングを重ねれば、いずれ除霊《じょれい》・浄霊《じょうれい》もできるようになるでしょう。

なお、除霊とは身体から霊を取り除くだけの行為で、浄霊は霊に出てもらい、さらに成仏させる方法です。

本書をお読みくださっている方は、除霊・浄霊にご興味をお持ちの方が多いかと思います。もちろん、除霊・浄霊ができれば非常に便利なのですが、きっとそれ以上に森羅万象のエネルギーを感じ取れることは、非常に幸運をもたらすのです。私も、自分は森羅万象とのエネルギーの共鳴によって生かされている、と感じることで、すごく「生」に感謝したくなります。

魔女になるのは簡単です。人は皆、霊性を持つことから、実はすべての人が魔女になれます。

すべての人が魔女になれる資質を持つのに、「自分は霊感が皆無」と感じる方が多いのは、現代社会においては森羅万象のエネルギーを感じ取れる機会が少ないからです。自然が破壊され、すべてがコンクリート化し、皆さん仕事に忙殺され帰宅してもテレビの画面によって五感あるいは第六感が閉ざされるという生活環境では、自分や周りの人の霊性に気づく機会が失われているからです。

そして、霊性に気づけず、ストレスが蓄積される現代社会では、あたかも霊性を持っていることが特別なことであるかのように考え、自称「霊能者」が高飛車《たかびしゃ》に振る舞い、巨額の金をむしり取る例が増えています。私もスピリチュアル業界にいる身なので、そこそこ知名度はあるけれど人格的に優れているとはとても言えない自称「霊能者」たちに遭遇する機会も多くあります。

本書を読んでいただくことで、霊性とは誰もが持つものだと実感いただければ幸いです。そして、ステップを踏んでトレーニングを重ねることで、ぜひとも素敵な魔女になってください。魔女になることで、一日一日がより幸運なものになることを心よりお祈り申し上げます。

本書の第1・第2章では「霊魂と死後の世界」について、第3章では「霊能力」についてご説明しています。第4章以降はいよいよ実践編になります。

第4章では「チャネリング・霊視」のやり方について、第5章では、「ヒーリング」について、第6章では「呪い」について、そして、第7章ではいよいよ「除霊・浄霊」について、具体的な方法を伝授しています。また第8章では「強い霊に助けを求める裏技」について書きました。

本書は、なるべくスピリチュアルの専門用語は用いず、なるべく簡単に読み進んでいただけるよう構成されていますので、どうぞ、気軽に楽しんで最後までご愛読いただけましたら幸いです。

深月　ユリア

CONTENTS

まえがき ―― 3

第1章
最も怖いのは自分自身の生き霊 ―― 13
怖い霊と怖くない霊がいる ―― 14
悪霊になっているのは1パーセントだけ ―― 19

第2章
霊の種類と死後の世界 ―― 23

犯人を見つけてほしい場合は殺されたときの顔で出現することも ―24
霊とセックスしても処女は失わないが、色情霊には要注意 ―26
霊の種類と特徴をわかりやすく解説！ ―28
宗教では「死後の世界」をどうとらえているか ―34
臨死体験者はどんな世界を見るか ―40

第3章 霊能力を鍛えるとできるようになること ―45

念の力が強いほど、霊力は増す ―46
霊能力を鍛えれば、豊かで幸運な生活が築ける ―49
チャネリングができても「自分はすごい！」と思わないこと ―52
コラム 魔女とはどんな存在か？ ―54

第4章 魂の卵とオーラが見えるようになろう

63

チャネリングをするには、瞑想の練習から入る ―64
西洋魔術のチャネリングのやり方を公開！ ―68
チャクラを開放すると何が得られるか ―72
チャクラを開くためにすべきこと ―76
まず、自分の「魂の卵」を見てみよう ―79
第三の目で霊視をするトレーニング ―82
集中力を高めるには瞑想がよい ―84
芸能人をチャネリングしにくい理由 ―86
次はオーラを見よう！ ―88
オーラの色と特徴を解説！ ―90
コラム　霊能力を高める食事 ―95

第5章
守護霊と仲よくなり、ヒーリングができるようになろう――103
ヒーリングには「手かざし」と遠隔ヒーリングがある――104
守護霊と語り合えるようになる方法――111
守護霊に相手の守護を頼む方法――115
縁結びのために、魂の卵同士をセックスさせる――117

第6章
安全な呪い方と危険な呪い方――121
「藁人形でクギを打つ」は間違った呪い方法――122
生き霊たちを魂の卵の中核に投げてやればいい――125
呪いを解除する方法――128
コラム　やったら危険な呪い方法！――130

第7章 除霊と浄霊と守護霊の入れ替えはこうやろう —— 135
悪霊が憑いている人の見分け方 —— 136
霊に取り憑かれやすい人の特徴 —— 139
霊が憑いてしまった場合の除霊方法 —— 140
浄霊は霊力を使う中で最も難しい —— 147
守護霊がやる気がない場合は守護霊を入れ替えてもよい —— 150
守護霊の入れ替え方 —— 153

第8章 歴史上の人物に助けてもらおう —— 157
成仏しておらず、波長が合う人とチャネリングをして手助けを頼む —— 158
平将門やヒトラーから「伝えてほしい」と頼まれたこと —— 160
コラム　悪霊を寄せつけない部屋の条件とは —— 165

コラム　運気がアップし、霊感も高まる日本・世界のパワースポット —170

参考サイト —175

装幀　関原直子
著者写真撮影（カバー・本文とも）　中村敏幸
本文イラスト　青木宣人

第 1 章

最も怖いのは自分自身の生き霊

怖い霊と怖くない霊がいる

この章では、私のところに来た相談者の体験をもとに、「霊とは本当に怖いものなのか」についてお話をしていきたいと思います。

まず相談者の各ケースについて、ご紹介いたします。

◎ケースA・守護霊のおばあさんが「縁」を引き離していた東京都在住のOL・A子さん（32歳独身）

A子さんは霊感が強く、霊が近くにいると、すぐに感じる体質でした。「霊が私の恋の邪魔をするんです！」という内容の相談でした。

A子さんは、彼氏ができてもすぐに別れ、どの恋愛も3か月ももたないようでした。

「それは私に憑《つ》いている霊のせいなんです！　祓《はら》っていただけませんか」というA子

さん。

しかし、霊視したところ、特に悪い邪気《じゃき》を放っている霊はいないようでした。A子さんに憑いているのは、ご先祖様のおばあさんの霊でした。

より詳しく話を聞くと、最近のA子さんの恋愛相手は妻子持ちの男性だったとのこと。彼は奥さんと別れるつもりはなく、A子さんとの不倫関係を続け、A子さんを「都合のよい女」と思っていました。

その前の相手も「付き合い始めたときは優しいのに、心を許すとDV男になった」とのこと、その前もA子さんにお金をせがむようなヒモ男だったそうです。

A子さんに憑いている守護霊のおばあさんはそんなA子さんを心配して、「縁」を引き離していたようでした。

◎ケースB・自分自身の生き霊《りょう》がパワーを放っていた富山県在住のサラリーマンB男さん（40歳独身）

B男さんから「最近、どうも何事もうまくいかない。会社でも失敗するし、上司から自分だけが目をつけられる。体調も崩しやすいし、これだけ何事もうまくいかないということは悪霊の仕業かもしれない」という相談を受けました。

B男さんは謙虚ですが気が弱い性格で、何事もマイナスに考える傾向があります。霊視すると、確かに邪気を持つ霊が憑いていましたが、それより強いパワーを放っていたのは自分自身の生き霊です。

「何事もうまくいかない、自分は何をやってもダメだ、一生幸せになれない」と、B男さんの場合は潜在的に自分自身に言い聞かせていた念が、なんと生き霊となっていたのです。

そして、その生き霊のマイナスエネルギーが他の浮遊霊を呼び寄せていたのです。このケースでは、B男さんの生き霊を浄化する、というヒーリングを実施しました。

◎ケースC・異様な空気が漂う日本人形を部屋に置いている神奈川県在住のカメラマンC男さん（45歳）

C男さんから「最近、部屋で変な物音がするし、金縛りに遭います。家族と喧嘩したり、急に視力が落ちたり、どうも何事もうまくいかないので、霊に取り憑かれている気がします」という相談を受けました。

C男さんの部屋を訪問しました。部屋には重い空気が漂っていて、（失礼ながらも）埃《ほこり》まみれの部屋でした。その中でも異様な空気を漂わせていたのは、C男さんが寝ているベッドのそばに置かれた日本人形でした。

その日本人形も埃だらけになっていて、見るからにかわいそうな状態でした。どうも、その日本人形を中心に異様な空気が漂っていたようです。

C男さんの部屋を除霊し、大掃除を勧め、日本人形をきれいにしてから、一晩部屋の外で太陽の光を浴びせるようにお願いしました。そうしたら、その後は、ポルターガイスト現象も金縛りもなくなったようです。

◎ケースD・一緒に住む若い男性の霊に好かれている東京都在住のアイドル・りゅうあさん（25歳）

アイドルとして活動しているりゅうあさんは霊感が強く、霊的なことに興味津々で

心霊アイドル・りゅうあさん
(撮影・ヤマグチアキノブ)

自ら事故物件を選んで住んでいます。そこでは、ある若い男性の霊が住んでいて、りゅうあさんを気に入っているそうです。りゅうあさんも彼を気に入り、うまく共存しているようです。

彼はりゅうあさんが仕事に行くときにも、ときどき憑いていき、心霊写真として姿を現すようです。

◎ケースE・邪気と生き霊がたくさん憑いたエロ坊主に騙《だま》された東京都在住の女優E子さん

E子さんから呪《のろ》いに関する相談を受けました。

「あるエロ坊主に騙されました。付き合

って結婚の約束もしたのですが、愛人が5人もいたことがわかったのです。彼を呪ってください！　こんなとんでもない坊主がお経を読むなんて、世のため人のためにもなりません」

そこでそのお坊さんを霊視したところ、過去にもたくさんの女性たちを騙してきたようで、邪気と生き霊がたくさん憑いていました。守護霊の結界に守られていたのですが、その結界を破り、一気に生き霊と邪気を放り込みました。彼はどんどん運勢が低下していきました。

悪霊になっているのは1パーセントだけ

さて、この5つのケースの中で危険な霊とそうでない霊があるのがわかるでしょうか。ケースAは、A子さんはありがたく思っていないようですが、「守護霊」と呼ばれるよい霊です。

ケースDも普通にどこにでもいる浮遊霊で、悪いものではありません。「霊は怖い」

というイメージがあるかもしれませんが、**実際は99パーセントの浮遊霊は何も悪さはしません**。

残りの1パーセントの霊が何か悪いことをすると、大騒ぎになり、ときにはメディアにも取り上げられることもあります。しかし考えてみてください。

長い人類の歴史を考えると、生きている人より死んだ人の方が断然多いのです。成仏している人の方が多いのですが、それでも地球上には生きている人間の数より霊の数の方が断然多いのです。しかし、「悪霊が悪さをした！」なんて騒がれることはまれですよね。

そこからもわかる通り、実際には悪霊になっているのはほんの1パーセントだけなのです。

ケースCは、一見悪霊にも思えますが、実際はそうではありません。日本人形は先祖代々、大切にしてきたものだったそうで、それが埃まみれになっていたので、「もっと大切にしてください！　大切にしてくれたら、守ってあげますが、今の私では守りの力が持てません」と訴えていたのですね。女の子の人形だったら、なおさらきれいでいたいにちがいありません。

ケースEについては、「呪い」の話になりますが、このやり方については後ほど解説します。私の呪いは悪人に対してしか行いませんが、実は**悪人ほどケースEのように怨みをたくさん買っているので、呪うのは簡単です**。

実は最も危険なのは、ケースBです。自分自身の生き霊は、自分で制御しにくく、かつその邪念が他の邪念やマイナスエネルギーを持つ浮遊霊を呼んでしまうからです。

この本では、自分自身の生き霊の祓い方、除霊・浄霊のやり方についてもご説明します。その前にもう少し「霊とは何か」をご理解いただくために、次の章では「霊の種類」について、ご説明していきたいと思います。

第 2 章

霊の種類と死後の世界

犯人を見つけてほしい場合は殺されたときの顔で出現することも

「霊」というと、どのようなイメージが浮かびますか。

「三角頭巾《ずきん》を額に当て、白い衣装を着て、脚がなく『うらめしやー』と怖い声で言う」「映画『リング』の貞子みたいに髪が長くて、床を這う怖い女性」「四谷怪談のお岩さんみたいに、顔がめちゃめちゃになっている女性」というイメージが多いでしょうか。これらのイメージはいずれも、物語から派生した固定観念です。

なぜか、四谷怪談の映画の幽霊に代表されるように、幽霊の性別は女性が多いですよね。それは、女性の方が男性より、霊性が強く、霊感がある人が多いからなのかもしれません。

私のような「魔女」をやっている者も、どちらかというと女性が多いです。ちなみに魔女を英語に訳すと「witch」、この男性版は「wizard」で、日本でいう「魔法使い」でしょうか。

男性で霊感が強い人もいますし、現に有名な陰陽師《おんみょうじ》であった安倍晴明《あべのせいめい》も男性ですね。**幽霊も実際のところ女性も男性も相対数はあまり変わりません。**

また、「顔が怖い」「顔が崩れている」などのイメージも、まったくの固定観念です。幽霊の顔は亡くなった数だけ千差万別です。

老いて亡くなった場合は、特に世の中に怨みがない限り、グロテスクな顔では出現しませんし、あえて醜い姿で出現する理由もありません。グロテスクな姿を晒《さら》すのは、何かメッセージを伝えたい場合が多いです。

例えば、交通事故で顔がつぶされてひき逃げした犯人に怨みがあったり、誰かに殺されて、犯人がまだ見つかっていない場合、殺された瞬間の姿で出現して真犯人を見つけてほしいとメッセージを出すこともあります。わが国の警察には、公《おおやけ》にはなっていませんが、霊感の強い刑事が霊の助けを借りて捜査をする裏の「サイキック捜査課」なるものが存在すると聞いています。

このような事件によって亡くなった霊以外は、たいていは亡くなる前の生きている姿と同様の姿で出現します。「脚がない」というのも固定観念です。中には、生前に事故などで脚をなくしたせいで、脚がない霊もいるかもしれませんが、そうでなければ幽霊にも人間と同じく脚があります。

霊とセックスしても処女は失わないが、色情霊には要注意

逆に、イケメンや美女の霊もいます。私の知人には、家にいるイケメンと仲よくなって、いつの間にかその霊に恋してしまった女性もいます。この霊も悪い霊ではないので、その女性の運気も下がることはありませんでした。

それどころか、「好きになってくれるのはうれしいけど、おれなんかより、生きている人でもっといい人がいるんじゃない？」とその女性は霊から逆に心配されたのです。結局、その男性霊はその後、成仏しましたが……。

私自身の体験でも、**惚れそうになるくらいイケメンの霊に遭遇したことがありました。** 私が中学生の頃ですが、私の部屋にスペイン人俳優のアントニオ・バンデラスに

似た30歳くらいの霊がたびたび来ていました。顔がタイプだったので、私も祓うことはしませんでした。

ちなみに、念のため書くと、**霊とのセックスで処女を失うことはありません**。ただ、中には「色情霊」なるものがいて、生きているときにセックスに満たされず、死んでから好みの異性に取り憑き、毎晩のようにセックスをせがんでくる霊もいます。それらの霊には要注意です。

それらの霊は独占欲が強い者が多く、**他の生きている異性を離したり、逆に生きているパートナーに取り憑いて、セックスの快感を自分も楽しんだりします**。

これまで、人間の霊について述べてきましたが、人間のみでなく動物霊もいます。ただ、**犬や猫の霊はよく見ますが、昆虫や魚の霊は見たことがありません**。

私は「動物にも植物にも魂はある」と考えています。しかし、昆虫や魚、植物は脳の機能がより原始的で、感情があまり発達していません。

生きているうちは「生きたい」「子孫を残したい」といった本能的なことは考えていますが、亡くなってからも極めて本能的で、より単純な道を歩みます。それは、「早く成仏して、早く輪廻転生《りんねてんせい》する」ということです。

しかし、犬や猫は脳が発達していて、かつ人間に飼われると、より感情も発達し、「情念」が湧きます。

「霊」の正体は「念」と深く関係しています。亡くなった人が身体がなくても、魂は残り、「情念」「信念」「怨念」「執念」などの「念」となって出現するのです。

亡くなった飼い主さんから離れられず、飼い主さんに憑いて見守っているワンちゃんの霊は頻繁に見かけます。私の知人のカメラマンには黒い犬の霊が憑いていて、彼を守っていました。

ある超常現象番組に出演したときに、女性タレントさんに亡くなったばかりのワンちゃんの霊視を頼まれたのですが、当時はまだ成仏していなくて、彼女を見守り「次は人間に生まれ変わって、もっとわかり合いたい」と言っていました。

霊の種類と特徴をわかりやすく解説！

先ほど「霊の姿は千差万別」と述べましたが、亡くなった直後から成仏に近い段階になるまでで分かれたり、生き霊もいますので、ここで霊を大きく分類してみましょう。

①何らかの理由で成仏できない霊が「浮遊霊」

亡くなってから、まだ成仏の段階から遠い段階です。この世に未練が残っていたり、生きている人に何らかのメッセージを伝えたいため、成仏できずにいます。

出現する姿は、亡くなる直前の姿が多いです。中には、この世への怨みが強く、悪霊と化してしまう霊もいますが、ほとんどの霊は無害です。

家族が心配で、現世にとどまり、見守ってあげたくて、成仏できない霊もいます。人間のみでなく、ペットなどの動物霊もいます。先ほど述べた色情霊もこの部類に入ります。

②誰にでも最低一人の「守護霊」は憑いているが、入れ替わる場合も

成仏はしていませんが、高潔な魂を持ち、霊になってからも生きている人の手助けをし、より高位の次元に入った霊です。

生きている人には、最低でも一人の人間の守護霊が憑いてくれています。ご先祖様である場合が多いですが、まったくの他人の霊に気に入られて、かつ魂の相性もよくて、守護される場合もあります。

また、飼っていたペットが守護霊になることもありますが、**ペットの場合は「念」が人間より弱いので、同時に憑いている人間の守護霊の影響の方が多く表れます。守護霊は生まれてから死ぬまで、同じ霊が憑いているのではなく、入れ替わることもあります。**守護霊は成仏すると離れますし、守護霊が警告を発信しているのに、あまりに言うことを聞かなかったり、ご先祖様の場合はあまりにお参りするのをおろそかにすると、いったん離れてしまうこともあります。

お参りといっても、霊の次元では距離や場所は関係ありませんので、お墓が遠い場合は無理にその地まで赴く必要はありません。**自宅の神棚や仏壇でお祈りをしてあげるだけでも喜ばれます。**

また、途中から気に入られて突然憑いた霊の方が離れやすいです。

③**「生き霊」は自分自身が発する念で、これが一番面倒**

これが一番やっかいです。**生き霊とは一言でいうと「自分自身が発する念」**です。**情念・執念・怨念が強いのに、それが満たされず、ずっと我慢していると、その満たされない念が魂と分離して「生き霊」になるのです。**

女優のKさんは、L君と付き合ったのですが、L君は彼女と付き合うためにMさんと別れたそうです。Mさんは執念が強く、その執念が生き霊となってKさんの家に飛びました。

夜、金縛りに遭わせたり、お風呂に入るときにバスタブにMさんの脚だけが出現したりしたそうです。生き霊は祓う必要がありますが、この方法はのちほどご説明します。

④「オーブ」は成仏の段階に近いが、まだ現世にとどまっている霊

日本では「火の玉」ともいいますが、成仏の段階に近くなったものの、まだ現世にとどまっている霊です。「亡くなった人の魂は星になる」といわれますが、夜空に映ったオーブはまるで星のようです。

オーブの段階になると、生きていた頃の身体は具現化されず、人格もなくなり、

著者の友人・青柳宇井郎氏が仙台の自殺スポット
「八木山橋」で撮影したオーブ写真

バリ島のタナロット寺院で撮影した１枚にもオーブ（著者の右上）が……

「魂の念」だけが残ります。

オーブの色は様々です。一番頻繁に見られるのは白いオーブですが、紫色のオーブだとより高次元の魂になります。

赤いオーブは強い情念を持つことが多いです。また、黒いオーブの場合は、邪念であることが多く、要注意です。

⑤「魂の卵」は自らの霊体

これは、生きている人間のみならず、「念」を持つすべての動物が持つ、いわば自らの霊体です。大きさは千差万別で、その人の「念」や性格、運気によって変わります。

この本でご説明するチャネリング、ヒーリング、呪い、そして除霊・浄霊はすべてこの「魂の卵」に働きかけるものになります。

宗教では「死後の世界」をどうとらえているか

これまで、「霊とは何か」についてご説明してきました、では、私たちは死んだらすぐに幽霊になるのでしょうか。その答えは生きている人は知ることができません。「親戚のおばあさんやおじいさんが亡くなった直後、次の次元に旅立つ前にあいさつに来た」という話は皆さんもよく聞くのではないでしょうか。しかし、実際そういうケースより何も起きないケースの方がはるかに多いですよね。

そのため、特定の宗教を信じない人が多い日本人の中には、霊の存在自体を信じない人が多くいます。これは、単に霊感が強い・弱いの問題ではないと私は考えます。

亡くなる瞬間に、この世に対してどのくらいの「念」が残っているかによるのです。

亡くなる瞬間に安堵《あんど》のうちに旅立ち、現世に対する思い入れややり残したこと、残留思念がほとんどなければ、身体から霊魂は抜けて、まっすぐ次の次元に行きます。

これは幽霊としては具現化されず、オーブのようなものになります。つまり、この場合は霊魂は幽霊にならず、すぐに「成仏」するわけです。**残留思念が強いと、身体から抜けた霊魂は幽霊として形が具現化されます。**残留思念が強ければ強いほど、その霊ははっきりと見えやすくなります。

では、死後の世界はどのようなものなのでしょうか。各宗教によって、「死後の世界」についての考え方はまったく異なります。

◎仏教・ヒンドゥー教では死後の世界はこの世と同時に存在する

仏教・ヒンドゥー教では亡くなってから輪廻転生して、再びこの世界に戻ってくると信じられています。

四十九日の間に次にどの世界に生まれ変わるかが決まります。生前の行いによって、この世（娑婆《しゃば》）でなく、天界や餓鬼道《がきどう》、地獄に生まれ変わるかもしれません。

つまり仏教・ヒンドゥー教では、死後の世界（霊界）はこの世とは別に存在しておらず、並列なものだと考えられています。そして、悟りを開き、解脱してしまえば輪廻の輪からはずれることができる、とされます。

◎キリスト教では「最後の審判」の日に死者は復活して神の裁きを受ける

キリスト教では、死は命の終わりではなく、天の神から地上での罪が許され、永遠の安息《あんそく》を与えられるもの、とされています。「召天《しょうてん》」と呼ばれるものですが、神のもとに召され、最後の審判を受け、復活の日までを天国で過ごす、とされています。

魂は天に召される、という言葉があるように、すべては神の元に返る、という信仰なので、死者への礼拝の意味合いは薄くなります。葬儀は死者個人に対する供養ではなく神を崇《あが》めるためのものだとされているので、日本のように、亡骸《なきがら》に向かって手を合わせたり拝んだりするようなこともありません。

キリスト教では**「最後の審判」の日に、死者はみな復活して神の裁きを受ける、とされています。そして「最後の審判」により、神の国に迎えられるか、永遠の炎に焼かれ続けるかが決定されます。**

神の国に行くにしろ、地獄に行くにしろ、死んだ状態ではなく生きた状態で行きます。墓の下で待っている状態をモラトリアム（猶予期間）といいます。

カトリックでは、「死」は人間の罪の根源がもたらした刑罰だという考え方をします。

新約聖書には来世に関する具体的な記載はありませんが、教会での説法が精密化するにつれて、天国、地獄・煉獄《れんごく》という区別が作られていきました。死後は、天国・地獄・辺獄《へんごく》・幼児の辺獄・煉獄の５つの場所に行くとされています。

◎ユダヤ教ではサタンの支配が終わる「終末」が来て、楽園「エルサレム」が実現する

ユダヤ教では、死んだら土に戻ると考えられているので、死後の世界や天国、地獄のような概念はありません。しかし、ゾロアスター教やキリスト教の影響で、死後の世界を考えている宗派もあります。なお、「天国と地獄」の概念は、ゾロアスター教が起源です。

ユダヤ教では、他の宗教によくみられる死者の世界や死後の世界はありません。神の「最後の審判」によって、サタンの支配が終わる「終末」が来ると考えます。

その際に、裁きが下され、異教徒や他の民族が滅び、限りない苦しみが与えられます。そして、ユダヤ律法の教え通りに、正しく生きてきた人は永遠の命を授かり、ユダヤ民族の楽園、「エルサレム」が実現します。死者は生前の姿で復活しますから、イスラエルでは埋葬はすべて土葬です。

◎イスラム教では最後の審判がいつあるのかはアッラーのみが知っている

イスラム教はキリスト教に類似して、人間は死後、「最後の審判」によって天国に行くか地獄に行くかが決まります。

終末の日には、大地が裂け、天の星は落ち、海は沸騰《ふっとう》します。現在の秩序が一切崩壊する天変地異が起きます。生きている人は裁きの場に引き出され、死んだ人もすべて元の身体で蘇り、裁きを受けます。

最後の審判は墓の中で待ちますが、その時期は人間にはわからず、唯一神アッラーのみが知っています。肉体がなくなって骨になってしまっては天国へ行けないため、基本的に土葬になります。

魂は埋葬の次の日に肉体を離れ、善良な人の霊魂は終末の日まで、定められた場所にとどまり、邪悪な人の霊魂は、終末の日まで牢獄に閉じこめられます。
また、死と埋葬の間に、イスラム死者の魂は天国と地獄へ短い旅をするそうです。そこで、最後の審判の際の人間のヴィジョンを見せられます。

以上のように各宗教で随分考え方が異なるようですね。私個人はどの宗教にも属しておらず、強いていえばアニミズム・シャーマニズムの考え方に近いです。森羅万象に神々がいらっしゃって、万物に魂がある、という考え方です。

輪廻転生に関しては、実際に前世の記憶を持つ人もいますので、輪廻転生はあると考えています。ただ、天国や地獄についてはわかりません。

私は様々な霊とチャネリングしてきましたが、彼らは成仏していない霊でした。したがって成仏した後のことはわかりませんが、成仏するその瞬間は彼らは幸福な光に包まれています。

ですから地獄は存在しないと思います。現世こそが修行するための「地獄」なのかもしれません。

臨死体験者はどんな世界を見るか

「死後の世界は臨死体験をした人の見た光景に近い」という説があります。これはハーバード大学でも研究されていることですが、臨死体験をした人が見たり感じたりするのは幸福に満ち足りた光の世界であることが多いようです。

以下が、臨死体験をした人に共通する点になります。

◎光のトンネルを見る

臨死体験をした人の多くが「トンネルの先に光を見た」と言っています。

◎幽体離脱をする

臨死体験者の多くは幽体離脱を経験することが多いです。幽体離脱をすると、物理的には死んでいる状態にもかかわらず、外側から自分の体を眺めることができます。

幽体離脱をする人々は自分の身の回りで起きている出来事も見ることができます。肉体と精神のつなぎ止めができないせいか、数か月も部屋の中を彷徨《さまよ》っていたケースもあります。

◎守護天使の姿を目撃する

臨死体験者の多くは死後の世界へ誘ってくれる「守護天使」の姿を目撃します。臨死体験者の中には「守護天使が霊界で私たちの魂を治してから、現世の肉体へと連れ戻してくれる」と考えている人もいます。

◎母親と遭遇する

魂が肉体を離れた後、死後の世界で母親が自分に会いに来てくれたという体験談も多いです。また、亡くなったご先祖様と出会った、と語る人もいます。親族が自身との再会を祝うパーティーを死後の世界で開催していた、という話もあります。

◎自分の人生を走馬灯のように見る

「死ぬ！」と思った瞬間、自分の人生が走馬灯のように見えるそうです。死後も自分の人生をスライドショーのように見ることができる、という説もあります。

◎亡くなった直後のことを記憶する

臨死体験者の多くは、死んだ直後、看病しに来てくれた人の顔や声を記憶しています。

◎平和と幸福を感じる

臨死体験中の人々の多くは溢《あふ》れんばかりの幸福と平和を感じるそうです。その幸福感は彼らがこれまで感じたものとは比べものにならないそうです。

しかし、また肉体のある身体に戻ったときに幸福感が消えてしまうとか。

もし臨死体験者の見た世界が死後の世界だとすると、死後の世界は平和で幸運なもののようですね。この本では後で除霊・浄霊のやり方をお教えしますが、残留思念が残った霊にとっても、次の次元に旅立つ方が幸せなことが以上の説明でわかったと思います。

第３章

霊能力を鍛えるとできるようになること

念の力が強いほど、霊力は増す

この章では、いよいよ霊視のレッスンに移ります。「霊視」というと、難しいことのように思われるでしょうか。

「怖いものを見たらどうしよう……」という不安もあるかもしれません。しかし、実際は難しいことでも、怖いことでも、一部の人にしかできないことでもありません。

実は、**あることをすれば、人間は誰しも心霊能力者になれるのです！** 森羅万象には魂がありますが、先ほど述べたように人間はその中でも「念」の力が最も強い生物です。「念の力」と「霊力」は似ていて、念の力が強ければ強いほど、霊力は増します。

人は皆、視覚・聴覚・嗅覚・味覚・触覚の五感以外に、「第六感」があります。「勘が鋭い」と言われる人は、この第六感が発達しているのです。

「自分には霊力なんてない」と考える人も、勘に関してなら自分にもあるかも、と思い当たる節《ふし》があるのではないでしょうか。「なんとなく、この人とは関わらない方がよい気がする」「なんとなく、この場所に行かない方がよい気がする」などはまさに第六感です。

あるいは、「ある人に会いたいなー」と考えていたら、偶然にもその直後にその人からメール・電話が来た……という経験はないでしょうか。これも、第六感で、無意識のうちにテレパシーが通じているのです。この「第六感」は人間が持つ霊力の一部になります。

人間は通常、脳の7パーセントしか使っていない、といわれますが、私が霊力を鍛えるトレーニングを教えている「魔女講座」では、より脳が活性化するようなトレーニングをして、普段あまり使わないこの「第六感」を鍛えます。これは、先ほども述べましたが、誰でも明日からできることです。

世の中には、「霊能力者だから、自分は偉いんだ」みたいな、いかにも上から目線の態度をとり、除霊費を100万円単位で取る自称「霊能者」がいたりします。このようなタイプの人間が私は嫌いなので、**自分は「心霊能力がある者」という意味で「心霊能力者」という言葉を好んで使っています**（本書でもその言葉を使います）。

このような「霊能者」に多額のお金を貢ぐ必要は一切ありません。「霊能者」だから徳が高いわけでもないし、特別な苦行をしてきたわけでもありません。

単に人間なら誰もが持つ一つの感覚が鍛えられただけです。例えば「やたら視力がよく、視力2・0で1キロ先のものまで見えるから自慢する人」「やたら味覚がよく、目隠しをしても、目の前に置いてあるカマボコの種類がすべて答えられる人」と変わらないのです。

まあ、どんな感覚も鈍いよりは鋭い方がよく、鍛えていないより鍛えている人の方がいろいろと得だとは思います。「霊能力・第六感が強い人がすごい」と思われるのは、「霊」は霊能力がない人にとっては目に見えないものだからでしょう。

他の感覚は、たとえ視力が弱くても近くに行けば自分で確認することができますし、耳があまりよくなくても話したことを後から再確認することが可能です。しかし、霊に関しては、「あなたの後ろに悪霊がいる！」と言われても、自分自身で見えなければ確認する方法がありませんよね。

霊能力を鍛えれば、豊かで幸運な生活が築ける

人間は自分自身で確認できないもの、未知のものを怖がる傾向があります。逆にそれが確認できて正体がわかれば恐怖感がなくなったという経験はありませんか。

私は毎日そこら中で霊を見ているので、霊を怖いと思ったことはありません。霊はホラー映画みたいに、ナイフを持って飛びかかってきたりしませんし、霊の世界では戦争・紛争もありません。

生きている人間の方がよっぽど怖いです。きっと、本書を最後まで読まれれば、現段階で「霊は怖い」と思われている方でも、恐怖感がなくなると思います。

ところで、なぜ霊感・第六感は人間が生まれながらにして持っている能力であるにもかかわらず、鍛えられていない人が多いのでしょうか。それは、都市化・文明化に起因しています。

昔、空が大気汚染されておらず、地面にコンクリートが敷かれておらず自然に満ち

溢れていた頃は、人間誰もが生まれながらにして、自らもはっきり実感できるような霊能力を持っていたのです。この世界は森羅万象に宿る魂の共存と、それらの魂の放つエネルギーが相互に作用することで成り立っています。

昔は、人は生まれながらにして、自然の中で過ごし、自然と対話し、空からも大地からもエネルギーをもらっていました。そこでは、知らず知らずのうちに森羅万象との魂の触れ合いによって、霊能力も他の五感同様に鍛えられてきたのです。

しかし、今は生まれながらにして霊感があっても、自然と触れ合う機会は昔より激減しました。子供の遊びもゲームだったり、テレビだったり、家の中で過ごすことが多くなりました。これでは、森羅万象との魂の触れ合いができないので、普段使わない感覚はドンドン衰えていくだけです。

「昔、子供時代に田舎に住んでいたときは霊感が強かったのに、上京してからなくなった」という経験のある方もいらっしゃるのではないでしょうか。

霊能力はないより、ある方が断然よいと思います。ここで霊能力があることの利点を挙げてみます。

○守護霊のメッセージを聞き取れるようになるから、困ったときに相談ができる。関わらない方がよい人・行ったら危険な場所がわかるようになる。
○変な霊が憑いても自分で祓えるようになる。プライドだけ高い頭のおかしな自称「霊能者」に騙されずに済む！
○ヒーリングができることで、家族や友達、大切な人の身体を癒すことができるようになる。
○人のオーラがわかることで、初対面からその人の性格を想定し、よりよい人間関係を築くことができる。
○悪い奴には「呪い」の制裁を下すことができる。
○より視野が広がり、物事を広く大きくとらえることにより、細かいことを気にせずに済む。
○希望者は、翌日から「魔女」「魔法使い」として開業できる。

どうでしょう？　よいことばかりではないですか。
霊能力を鍛えることで、より豊かで幸運な生活を築くことが可能になるのです。

チャネリングができても「自分はすごい！」と思わないこと

当時のヨーロッパは社会全体がカルト教団だったと言えるかもしれません。カルトに洗脳され、我を失った人間ほど恐ろしいものはありません。ある一つのことを唯一絶対だと信じて疑わないことは非常に危険です。

これは、次にご説明するチャネリングを行う際にも大切なことです。キリスト教のみではなく、あらゆる宗教が堕落の道を歩みました。それは、教義を教える側にも「欲」があり、人間社会の「組織」というのは、金と権力が肥大化すればするほど、さらなる欲が出て悪事を働く傾向があるからです。

魔女狩り、異教徒狩り、宗教戦争と、宗教の歴史は鮮血にまみれています。チャネリングは宗教ではありませんし、教える側と教えられる側には上下関係は存在しません。情報を教えるわけですから、講義料はいただきますが、だからといって私があなたより偉い人間だったり、優れた人間であるというわけではありません。

スピリチュアルの感じ方・見え方は人によって様々であり、答えは一つではありません。**スピリチュアルなことを行うのに一番大切なのは「固定観念を持たないこと」「謙虚でいること」です。**

チャネリングをしていると、悪い霊のメッセージを聞き取ることもあります。私は世の「偉い自称霊能者」に悪い霊が憑いているのをたびたび見ています。

彼らは欲深く、相談者を信者と呼ぶこともあります。「信者」を横書きすると「儲（かる）」という字になりますものね。

チャネリングで成功して、「やった！　うまくいった！」と大喜びしていると、悪い霊に利用され、嘘を教えられ、我を失い洗脳支配される場合もあります。「魔がさして」犯罪を犯す人は、悪い霊が憑いている場合があります。

チャネリングができたからといって、一を聞いて百を知った気になって「自分は他とは違う選ばれた人間だ！」などと、どうか考えないでください。

コラム　魔女とはどんな存在か？

◎魔女裁判で殺されたのは、薬草治療やヒーリングに詳しい賢い女性たちだった

先ほど私は自分が「魔女である」と述べました。皆さんは「魔女」に対してどのようなイメージをお持ちでしょうか。

日本では、もともとはあまり馴染みがないものかもしれません。「魔女の宅急便」や「奥さまは魔女」「魔法使いサリー」など最近のアニメ・映画ではかわいらしくて、魔法で人助けもする人物像に描かれることも多いですね。

しかし、グリムやアンデルセン童話など西欧の童話では、悪魔と契約し黒魔術を使うおどろおどろしい存在になっています。そして、どちらのイメージでも、箒《ほうき》に乗ったり黒猫と話すというシーンが頻繁に出てきますね。これらの、魔女のイメージはいずれも童話から始まった固定観念です。

私は「魔女」は日本では古来、神仏のお告げを聞く巫女《みこ》に近い存在だったと認識

しています。神仏や霊魂とチャネリングができて、自然を敬い、森羅万象の魂のメッセージが聞き取れる存在。その能力でヒーリングや除霊・浄霊などの人助けもする存在です。

もともと、中世ヨーロッパの魔女裁判で殺された女性たちも、自然を敬い薬草治療やヒーリングに詳しい賢い女性たちで、その知識を使ってしばしば人助けをしてきたといわれています。しかし、中世ヨーロッパ暗黒時代はキリスト教の教義が絶対であり、神の力以外のスピリチュアルな能力はすべて「悪魔の仕業」だとレッテルを貼られていました。

加えて、当時はペストの蔓延《まんえん》に飢饉が起きたりと非常に不安定な社会情勢で、人々はどこかに責任を押しつけたり、何かのせいにしないと我慢できない、という状態でした。そのような社会情勢を教会もどうにもできないので、人々に「神様は何も助けてくれないじゃないか！」と思われるより、「この不幸は悪魔と契約した魔女のせいだ！　魔女をかたっぱしから摘発すれば不幸もやむ！」と人々を洗脳した方がよいと考え、教会は「魔女」をスケープゴートにしていきました。その方が好都合だったからです。

魔女狩りの教典『魔女の鉄槌』（1487年）によれば、魔女について次のように記述されています。「魔女は、悪魔と盟約を結んで悪魔に臣従《しんじゅう》し、その代償として悪魔の魔力を与えられ、超自然的な妖術を行うことができる」と。

当時描かれた絵の中で描かれている魔女は、鼻の先がワシのくちばしのようにとがった「わし鼻」をしていますが、実はこのわし鼻を民族的な特徴として持つとされているのがユダヤ人です。ユダヤ人はイエス・キリストを処刑した民族としてヨーロッパでは忌み嫌われていました。

実は魔女狩りには「ユダヤ人狩り」の目的もあったという説があります。ユダヤ人の多くは高い知能を持ち、カバラ数秘術や錬金術、天文学の知識にも優れていたので、ローマ教会はユダヤ人が力を持つことを恐れ、「悪魔と契約した魔女」という卑しい烙印を押しつけたという面もあったのです。

カトリック教会の異端審問（異端者の摘発と処罰のための宗教裁判）が厳しくなったのは、フリーメイソンの起源だといわれているテンプル騎士団の出現以降ですが、カトリック教会はユダヤ人が団結してのちのフリーメイソンのような組織を作ることを恐れ、「魔女狩り」という風習によって邪魔なユダヤ人を一掃し、かつ市民の社会不安を吐き出させる、という一石二鳥を狙ったのでしょう。

カトリック教会は、魔女を発見するために公然と密告を奨励しました。農民も貴族も商人も、たとえ聖職者であっても、あらゆる階層の人々に容赦なくその嫌疑が向けられるようになり、魔女狩りによる犠牲者は女性だけとは限らず老若男女が犠牲となりました。

人々は疑心暗鬼になり、絶えず密告される恐怖に脅え、今日か明日かと自分の運命に不安を覚えぬ者は一人もいなかったといいます。このおぞましい恐怖の嵐は、約500年もの間、中世ヨーロッパの国々に吹き荒れました。魔女裁判によって、800万という無実の人々が凄惨な拷問の末、魔女と断定され、残酷な殺され方をしたのです。

◎魔女裁判の凄惨な拷問と残酷な処刑方法

中世の魔女には、不遇の時代がありました。ここでは、有名な魔女裁判についてお話ししておきましょう。

魔女に対する拷問（1577 年画）

魔女として告発されると、まず告発文の朗読が始まります。胎児を殺して食ったとか、死体をカエルや蛇と煮込み魔女の秘薬をつくり、町中に呪いをかけ、災いをもたらしたなどの内容です。たいていの容疑者は「私は魔女ではありません」と否定しますが、何を言っても無駄で、自白するまで拷問されるのが常でした。

まず、被告は、衣服を剥がされて裸にされ、逆海老《えび》にきつく縛られて宙吊りにされます。その際、苦痛を高めるために、足には重りをぶら下げられ、悪魔と性交していないか調べるため、悪魔のマークと呼ばれる刻印が探されます。

今日《こんにち》、誰の体にも見られるごく普通のあざ、いぼ、ほくろなどが、この時代では悪魔のひづめ、指紋、唇の痕跡などと呼ばれて、魔女と断定する有力な決め手とされていました。それでも発見されないときはのどに棒を突っ込んで胃の中のものをすべて吐かせたり、大量の水を飲ませたうえ浣腸までして排便させ、大便と吐瀉物《としゃぶつ》が探索されました。

私には前世の記憶が残っていますが、前世で「魔女を泳がす」という方法で殺されたようです。これは残酷極まりない方法で、まず、被告の頭や手足を縛り池に放り込みます。被告が浮けば有罪で魔女だと見なされる。沈んで溺死すれば無罪ということになります。これは魔女が水よりも軽い超自然的な存在と考えられていたためです。

革製のジョウゴを口に押し込んで水を流し込み、胃袋が膨れ上がると、腹の上に人間が乗って揺すり、口から吐かせて、再び水を飲ませるという「水責め」という方法もありました。

私は、物心ついたときから水に対して強烈な恐怖心があります。もっとも、それより恐ろしい拷問方法があったので、当時はわりとすぐに死ねたとしたら、不幸中の幸いだったと言えるかもしれません。

他にも、鉄製の長靴を履かされて、靴と足のわずかな隙間にくさびが打たれる「スペインブーツ」という拷問、尻を載せる部分が周囲の枠のみで真ん中がなにもない西洋式便器のような鉄製の椅子に座らされて、その下からロウソクであぶられる「魔女の椅子」という拷問、手足を十字架上に鉄の輪で固定されて、その状態のまま周囲から鎖で身体をゆっくりと引き延ばしていく「サン・アンドレの十字架」という拷問、真っ赤に焼けただれた鉄製の串を足の裏やバストに押し当てたり、万力《まんりき》のような器具で指を一本ずつ潰していく方法、まぶたを閉じさせない状態にしておいて、ゆっくり針を目の中に突き立てたり、あるいは舌責めといってヤットコを使って舌を力一杯引き抜くというもの等、数々の恐ろしい拷問方法がありました。

自白すれば、受刑者は魔女ということになり、生きたまま火刑に処せられることになります。その際、種火を薪の下に差し込んで火をつける役は大変名誉とされていました。人々は、この火刑の儀式を心地よい一つのショーとして見ていました。

中には、3日間に十万人の見物人が集まったこともあったようです。狂信主義に煽《あお》られた人間というのは、本当に恐ろしいものですね。

「魔女発見業者」などというとんでもない商売も生まれました。人々の疑心暗鬼はさらに深まり、しまいには家族や恋人にもいつなんどき裏切られるかわからないような、誰も信じられなくなる、恐ろしい時勢が到来しました。

やがて、魔女の裁判を行う審問機関は、社会のスケープゴートをつくる他にもう一つ目的ができました。彼らは、欲にくらみ「魔女」とレッテルを貼られた犠牲者の財産を没収し取り上げたのです。魔女裁判は教会の資産を手っ取り早く増やすための効率のいい収入源となったわけです。

処刑直前に、最後の1分間という自己弁護が行える時間が設けられていましたが、それは、命と引き換えに合法的に多額な金を巻き上げようというものでした。実は私も、不幸中の幸いで貴族のスポンサーがいたので、買収することで命拾いしたのです。

18世紀には、産業革命によって、科学的な考え方や知識が広まり、魔女狩りはほとんど姿を消しました。しかし、実は、現在でも、類似の事件は起きています。

1976年、ドイツである女性の飼い犬が悪魔の使い魔だとして、町中で彼女を村八分にし、彼女の家に火を放ち大火傷《やけど》を負わせるという事件が起きました。

アフリカのコンゴでは、今現在も「悪魔憑き」が信じられており、「悪魔払い」と称して「悪魔憑き」の人々を棍棒《こんぼう》などで襲った事件が起きて、それに対する差別反対暴動が2001年6月に起きました。

第４章

魂の卵と
オーラが
見えるようになろう

チャネリングをするには、瞑想の練習から入る

この章では、具体的な霊視方法・チャネリングについて記述します。チャネリングの語源は「チャンネルを合わせる」ことです。部屋でテレビの好きなチャンネルに集中しているとき、多少部屋で物音がしても、名前を呼ばれても聞こえなかったりしませんか。

それは、そのチャンネルに全身全霊で夢中になって集中しているからですよね。テレビ以外の音がシャットアウトされているわけです。**霊とのチャネリングでも、一点に意識を向けた集中力が必要です。**

チャネリングができるようになれば、目の前の人のオーラを見たり、どんな守護霊が憑いているかが見えるだけでなく、距離に関係なく遠くにいる人の魂の状態も見ることが可能になります。

チャネリングをするには、まずは瞑想の練習から入ります。最初に始めるのは、体

調が万全で精神的にも安定した日がよいでしょう。

体調が悪かったり、悩みがあると、雑念に囚《とら》われてうまく集中できませんし、チャクラもうまく開けません。チャクラについては後ほど詳しくご説明します。

十分な睡眠を取った日に始めるのがよいので、お休みの日がよいかもしれません。始める時間は問いませんが、なるべくあなたの心が落ち着ける時間がよいです。

その日は、ご飯は食べすぎず揚げ物などヘビーなものを控え、添加物が多い食事も極力避けてください。ご自宅でやっていただいてかまいませんが、なるべく周りの物音が気にならないような静寂な空間で、よく換気がされた部屋でやるのがよいでしょう。

チャネリングをやる服装は問いませんが、あまり身体を締め付けすぎるものを着ると身体がリラックスできないので、ベルトなどははずした方がよいでしょう。

瞑想をする姿勢は、チャクラが開きやすいように椅子にまっすぐ座ってください。イメージとしては、天から一本の糸で頭上にある第一チャクラから吊るされたような感じになります。背中は猫背にならないように気をつけてください。

準備が整ったら目を閉じてください。**眉間《みけん》の少し上にある第二チャクラに意識を集**

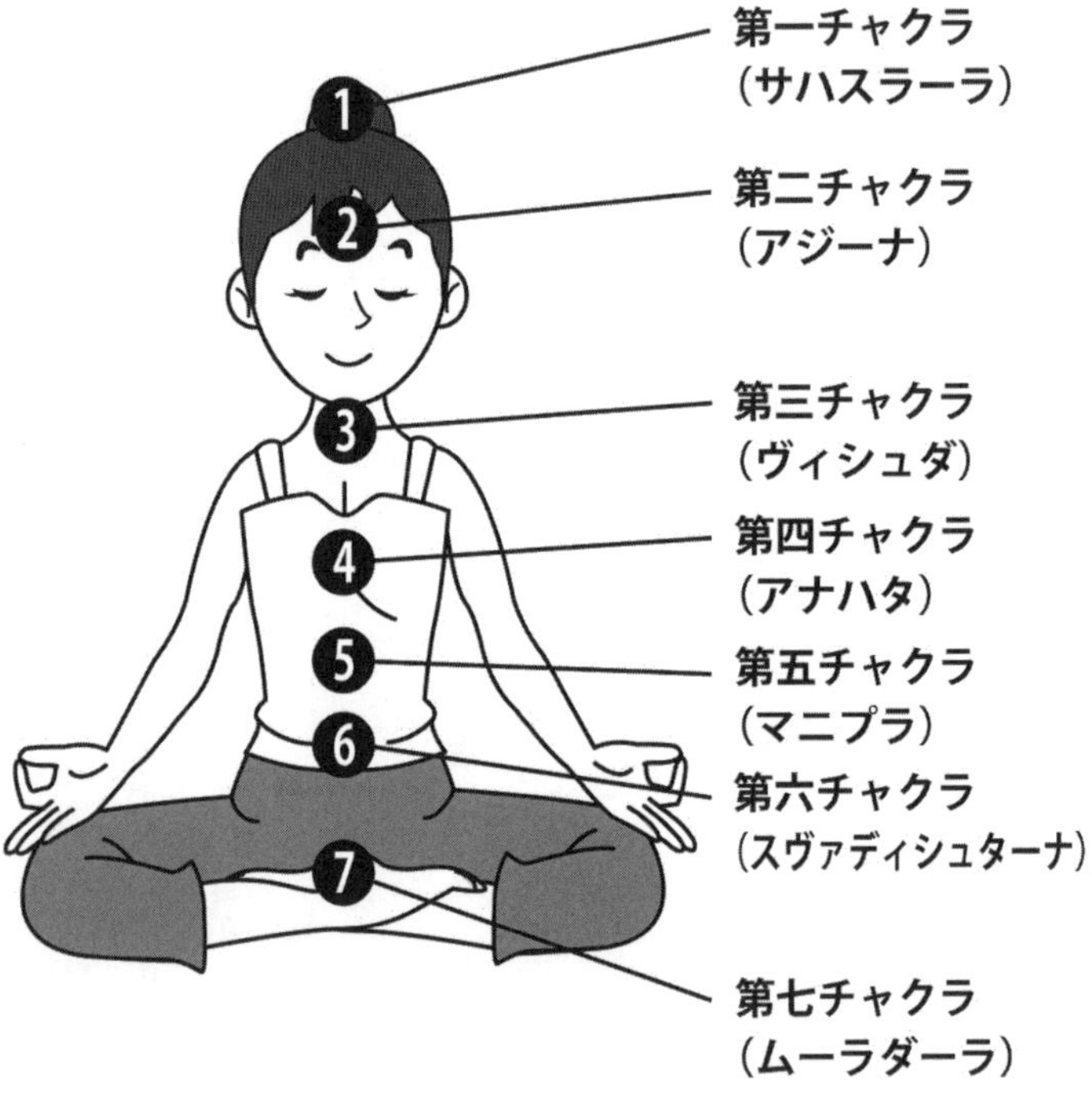
1
2
3
4
5
6
7
第一チャクラ
（サハスラーラ）
第二チャクラ
（アジーナ）
第三チャクラ
（ヴィシュダ）
第四チャクラ
（アナハタ）
第五チャクラ
（マニプラ）
第六チャクラ
（スヴァディシュターナ）
第七チャクラ
（ムーラダーラ）

チャクラの位置

中させます。

何回かトレーニングが必要になりますが、そのとき心は何も考えない無《む》の状態をつくってください。無の状態だからこそ、森羅万象の声やヴィジョンを感じやすくなるのです。

第二チャクラのあたりにヴィジョンが降りてきたら成功です。このとき、よくある失敗は、目に意識を集中しすぎて、第二チャクラが開かないことです。第二チャクラには「第三の目」があり、通常の目とは異なります。

最初はボンヤリと一瞬しかヴィジョンが浮かばないかもしれませんが、そのイメージを大切にしてください。見え方がボンヤリだったり部分的であったりはしますが、「間違っている」ということはありませんから。

チャネリングを始める前に、集中力を高め、森羅万象・宇宙とつながりやすくするために儀式をやるのもよいでしょう。儀式は儀式自体に意味があるというより、森羅万象・宇宙への感謝と尊敬の気持ちと、「これから始めます」と意識にケジメをつけることに意味があります。

西洋魔術のチャネリングのやり方を公開！

もしご自身が信仰する流儀があれば、そちらでやっていただいてもまったくかまいません。ここでは私が行っている西洋魔術のやり方をお伝えします。

①立ち上がって、ゆっくり深呼吸をします。
②右手で左肩から右肩へ、右肩から左のお腹へ、左のお腹から右のお腹へ、右のお腹から左肩へ、「∞」の記号を90度回転させたような図形を切ります。
③東西南北に、反時計回りにお辞儀をしながら、各方角に向かって「ガブリエルよ」「ラファエルよ」「アウリエルよ」「ミカエルよ」と言い、森羅万象・宇宙への感謝の気持ちと尊敬の念を込めてお辞儀をします。そしてチャネリングがうまくいくようお願いします。

「ガブリエル」「ラファエル」「アウリエル」「ミカエル」は聖書に出現する四大天使

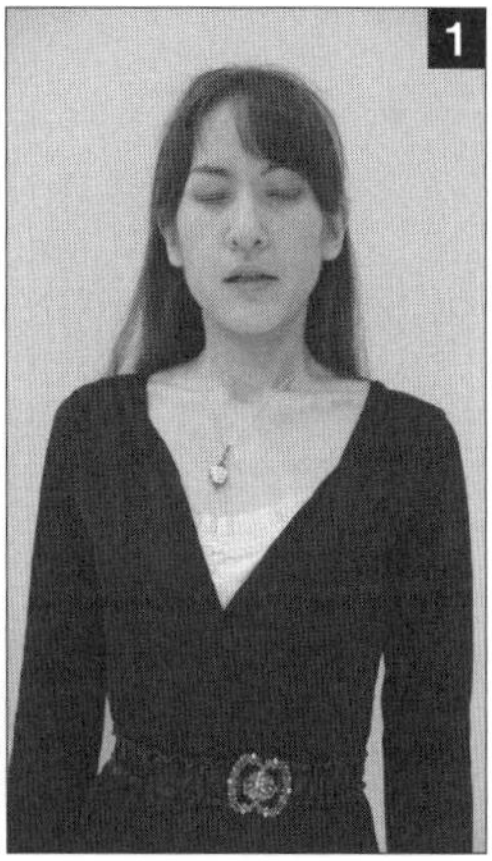

①ゆっくり深呼吸をする。

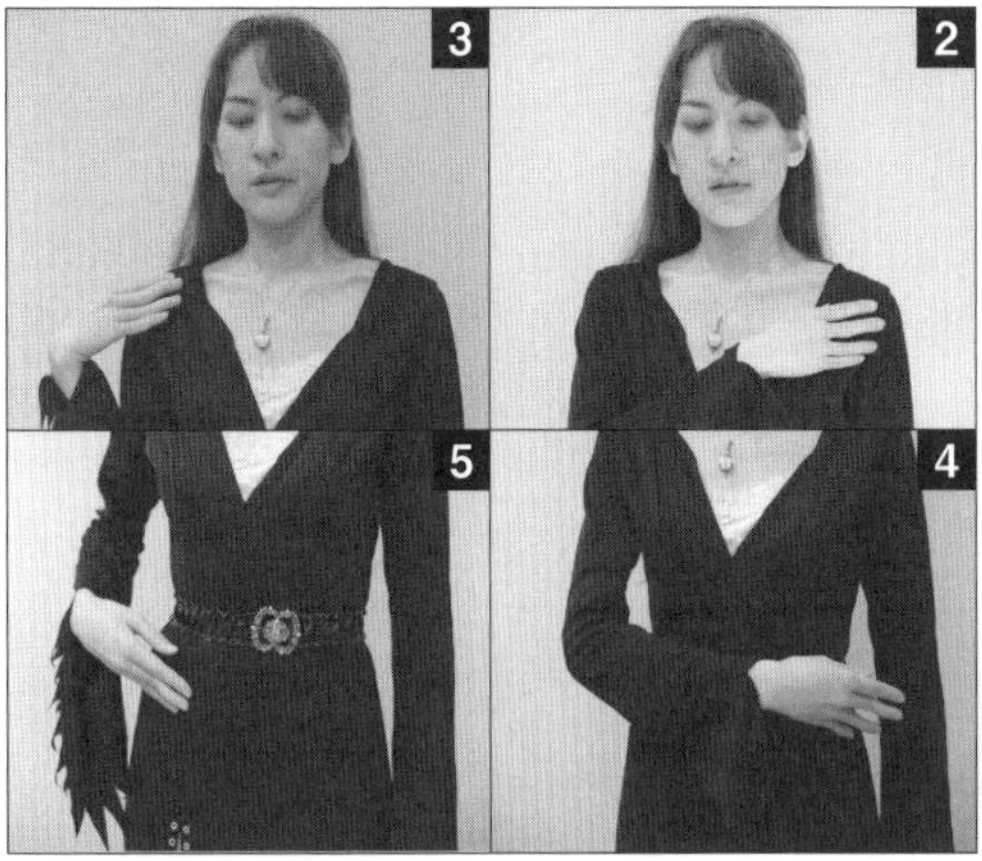

②「∞」の記号を90度回転させたような図形を切る。

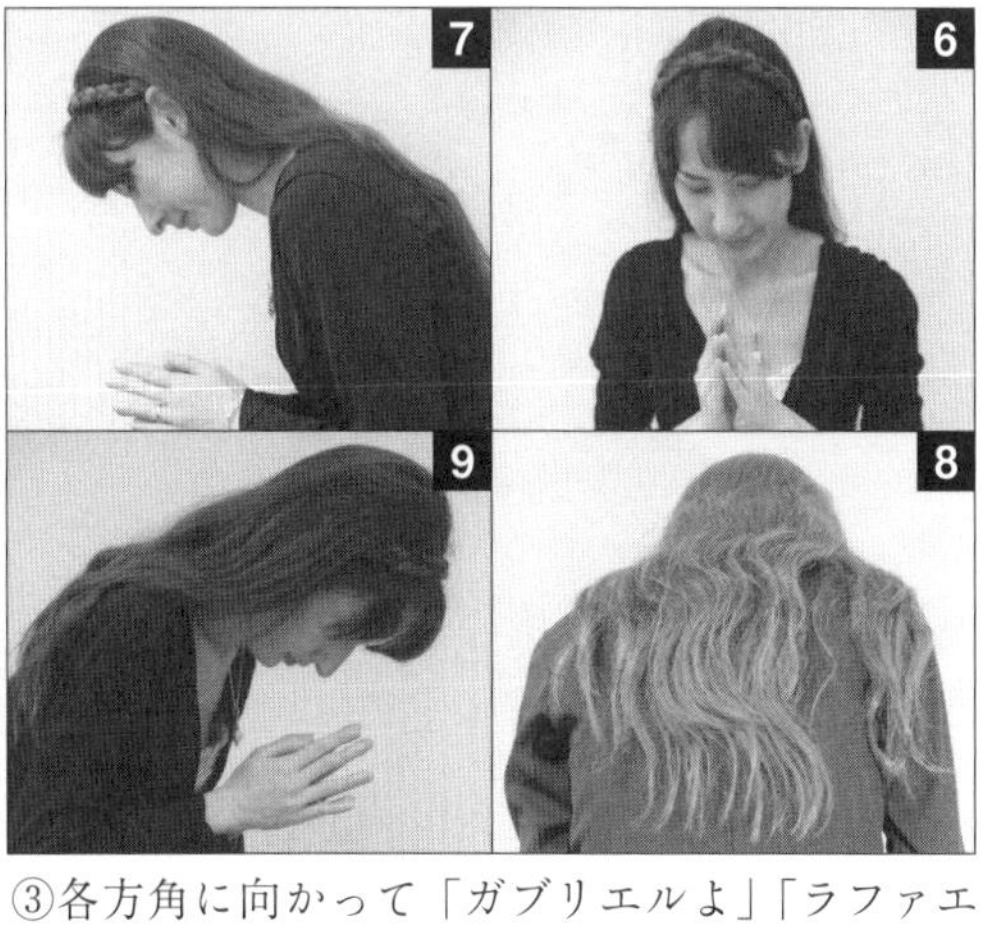

③各方角に向かって「ガブリエルよ」「ラファエルよ」「アウリエルよ」「ミカエルよ」と言い、森羅万象・宇宙への感謝の気持ちと尊敬の念を込めてお辞儀をする。

④胸に手を当て、「ヨッドヴァーヘー」と唱える。

⑤みぞおちの前で五芒星を描く。

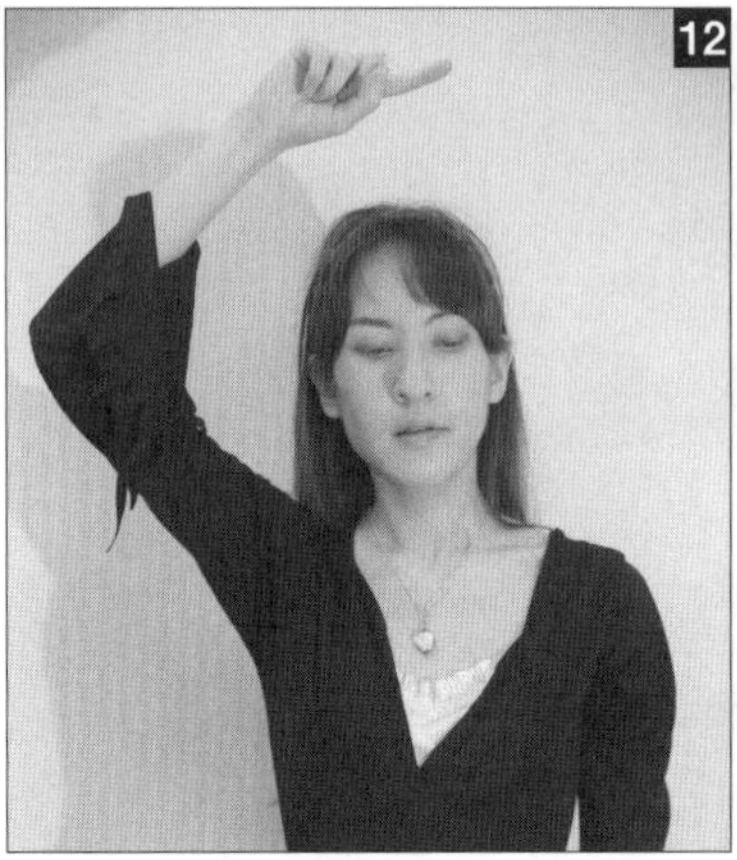

⑥頭上で六芒星を描く。

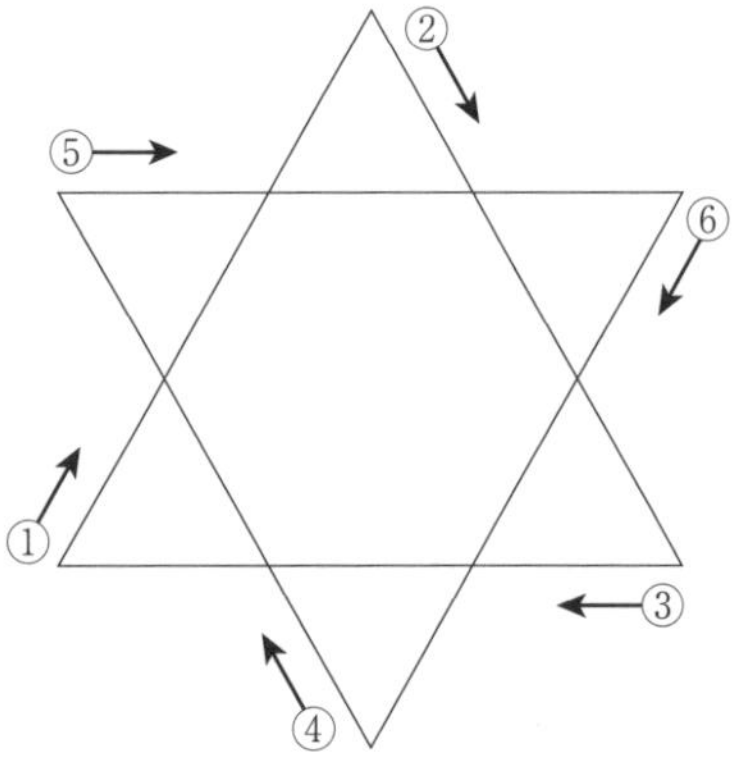

六芒星
（数字の順に指で描いてください）

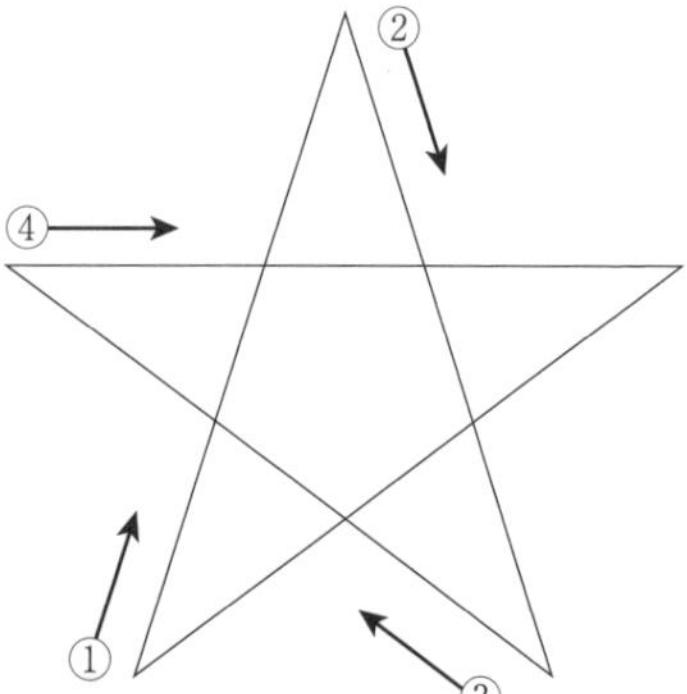

五芒星
（数字の順に指で描いてください）

です。このときの方角はどちらから始めてもかまいません。
④胸に手を当てて、「ヨッドヴァーヘー」と唱えます。これは、ラテン語で神様を呼び出す呪文です。
⑤⑥みぞおちの前で利き手の指を使って五芒星《ごぼうせい》を描き「わが前に五芒星が輝き」と言い、頭上に同じく利き手の指で六芒星を描き「わが頭上に六芒星が輝くなり」と唱えます。
五芒星と六芒星はともに古代から魔術・降霊儀式で使われている星形マークです。五芒星は上下を逆向きにして悪魔の象徴になることもあります。六芒星はユダヤでは「ダビデの星」と呼ばれ、日本でも同様の「籠目《かごめ》」という文様があり、古来から魔除けとして用いられました。西洋魔術では、この五芒星と六芒星を描く行為によって結界が築かれ、また神・霊の世界とつながりやすくなるとされています。
⑦楽に姿勢正しく座って、チャネリングを始めます。
以上の儀式は本書の中で何度も取り上げます。すでにご自身の流儀をお持ちの方は

そちらでやっていただくとして、それ以外の方はこの機会にぜひこの方法をマスターしてください。

チャクラを開放すると何が得られるか

それでは、チャクラについてご説明しましょう。

「チャクラ」とは、スピリチュアルの世界では頻繁に使われる言葉です。しかし最近はヨガのブームもあって、聞いたことがある方も多くいらっしゃるのではないでしょうか。

チャクラとはサンスクリット語で「車輪」を表しますが、人間の心身の働きをコントロールする、エネルギーの出入り口のことです。

このエネルギーを中国では「気」、古代インドでは「プラーナ」といいます。チャクラでは、外界と体内の気のエネルギーの交換が行われます。外界から良好な「気」を取り入れ、悪い「気」を排出することにより、心身が健康に保たれるのです。

チャネリングやヒーリング、除霊・浄霊などをするときには、このチャクラに意識を集中して、チャクラを開き、外界から気のエネルギーを取り入れます。

チャクラには以下の７つがあり、それぞれが大気を通じて、対応する身体の各組織・器官の機能を高めたり、正常に保つ働きをしています。

○第一チャクラ（サハスラーラ）

頭上にあるチャクラで、脳の働きの他に、霊性、直感、超能力の働きに対応します。チャネリングではこのチャクラにイメージが降臨します。

○第二チャクラ（アジーナ）

眉間の少し上にあるチャクラで、「第三の目」といわれます。直感、感覚、知恵と関係し、この部分で霊視したイメージを見ます。

○第三チャクラ（ヴィシュダ）

喉仏《のどぼとけ》の下にあるチャクラで、のど、甲状腺、副甲状腺、気管支の他、意思、知識、創造性、自己表現、判断力と関係しています。

○第四チャクラ（アナハタ）

両胸の間にあるチャクラで、心臓、肺、循環器の他、喜怒哀楽の感情、信頼、慈愛、希望などの感情と関係しています。

○第五チャクラ（マニプラ）

みぞおちとヘソの間にあるチャクラで、胃、肝臓、消化器の他、理性、個性、自我と関係があります。

○第六チャクラ（スヴァディシュターナ）

丹田《たんでん》（ヘソの下約10㎝）にあるチャクラで、生殖器や膀胱の他、感受性、情緒のバランス、物欲・性欲などの感情とも関係があります。

○第七チャクラ（ムーラダーラ）

生殖器と肛門の間にあるチャクラで、腎臓、副腎、腸、骨格の他、生命力、パワー、情熱とも関係があります。

チャクラが開いて正常に働いていれば、チャネリングをするのが容易になるだけでなく、心も身体も健康で、脳の働きも活性化されます。しかし、チャクラが閉じてしまうと、感覚が鈍くなって失敗が多くなったり、感情的に不安になりやすくなり、免疫力が低下し病気になりやすくなります。

東洋医学の基本は、病気に対して、「経穴《けいけつ》」（ツボ）を刺激することにより、「気」の流れをよくして自己治癒力を高めます。この「ツボ」もチャクラと同じ「気」のポイントで、広い意味での「チャクラ」と考えても差しつかえありません。

現在では、西洋医学でもこうしたチャクラを刺激する治療法を取り入れるようになってきています。

チャクラを開くためにすべきこと

第3章で「なぜ、現代人は霊感が弱くなったか」について述べましたが、チャクラの話と絡めますと、現代社会は、自然破壊や汚染、加工食品、電磁波など、マイナスエネルギーに満ちているからです。良質なエネルギーを取り入れにくいと判断すると、チャクラは自ら閉じてしまいます。

チャクラを開きやすくするには、日常生活にも気を配ることが重要です。できる限り**マイナスエネルギーを除去し、良好な「気」を自分に取り入れるような環境をつくることが必要**です。

そのためには、以下のことをお勧めします。

○清潔な環境をつくる

掃除、整理整頓を心がけましょう。掃除・換気をしていれば、悪いエネルギーが溜まりにくく、良好な気を取り入れやすくなります。

○プラスの波動を出す生活習慣

何事にも明るく楽しく前向きに、感謝する、物事を否定しない、人を非難しない、悪い言葉を発しないといった行為によって、プラスのエネルギーは発動します。プラスの言葉を発すると、「言霊《ことだま》」というものが発動され、プラスの波動と共鳴して呼び寄せます。その逆に、マイナスの言葉ばかりを発したり暗い気持ちでいると、マイナスエネルギーを呼び込んでしまいます。

また、できるだけ加工度の高い食品を摂らない、合成界面活性剤を使わないといった、自然を意識した生活を送ることも大切です。

○よい「気」を取り入れる

ヒーリングや瞑想・ヨガ・気功をしたり、パワースポットに行ったりして、良好な「気」を取り入れることも効果的です。そのような時間があまりとれない方でも、風水を取り入れた間取りや家具の配置にするだけでも良好な気が入りやすくなります。

○動植物と触れ合う

癒しを与えてくれる動植物に接することによって、第二〜第三チャクラが開きます。動物をかわいがって、「愛しい」と思うと、プラスの波動が発され、さらに対象の動物の波動とも共鳴し合って、チャクラが刺激されます。

○感動する

音楽をはじめ、様々な芸術に触れたり、心を揺さぶられる体験をすると、純粋な感動が第六チャクラを呼び覚まします。

○愛、幸福感、感謝

愛、幸福感、感謝の気持ちに満たされると、心が浄化され、第四〜第六チャクラを刺激します。ただし、無償のものでなければなりません。欲があったり、形式的なものではまったく効果はないので、心が満たされている状態が必要です。

○各種の波動グッズ

パワーストーン、アロマオイル、ハーブ、置き物など、様々な波動製品があります。ただし、スピリチュアルグッズはお金儲け目当ての怪しいものもたくさんあります。それらはまったく効果がないので気をつけてください。

お守りなどは高額な「霊能者」からは買わず、行きつけのお世話になっているお寺や神社（寺社）から購入した方がいいでしょう。

まず、自分の「魂の卵」を見てみよう

チャクラについての理解が深まったところで、早速霊視をしてみましょう。

難しいことは何もありません。瞑想・チャネリングをする姿勢で、椅子に腰掛けてください。

目を閉じて何回か深呼吸をして心を落ち着かせ、雑念を払います。このとき、心の中を極力「無」の状態にして、できるだけ何も考えないようにすることが大切です。

例えば、山田太郎さんという人がいるとして、彼を霊視する場合についてご説明しましょう。心が無になった状態で、心の中でもかまいませんし、声に出してもかまいません。「山田太郎、山田太郎、山田太郎」と何回か呟いてみてください。

眉の間の第二チャクラあたりから、第三の目の視線を飛ばすイメージをしてください。第三の目からチャネリングの波動が飛びます。

しばらくすると、第三の目に卵形の魂が浮かびませんか。**魂の核のようなもので、私はそれを「魂の卵」と呼んでいます。**

このイメージは頭上にある第一チャクラから降臨しますが、第三の目で見ます。最初はボンヤリとしていて、また集中力が切れた段階で波動が止まるかもしれませんが、問題ありません。

このとき、チャクラは開いている状態になります。身体がどことなく温かくなるかと思います。

また、霊が通りやすくなるので、背筋が一瞬ゾクリとすることもあるかと思いますが、心配ありません。

第三の目からチャネリングの
波動を飛ばす。

無心になって、
霊視する相手の名前を呟く。

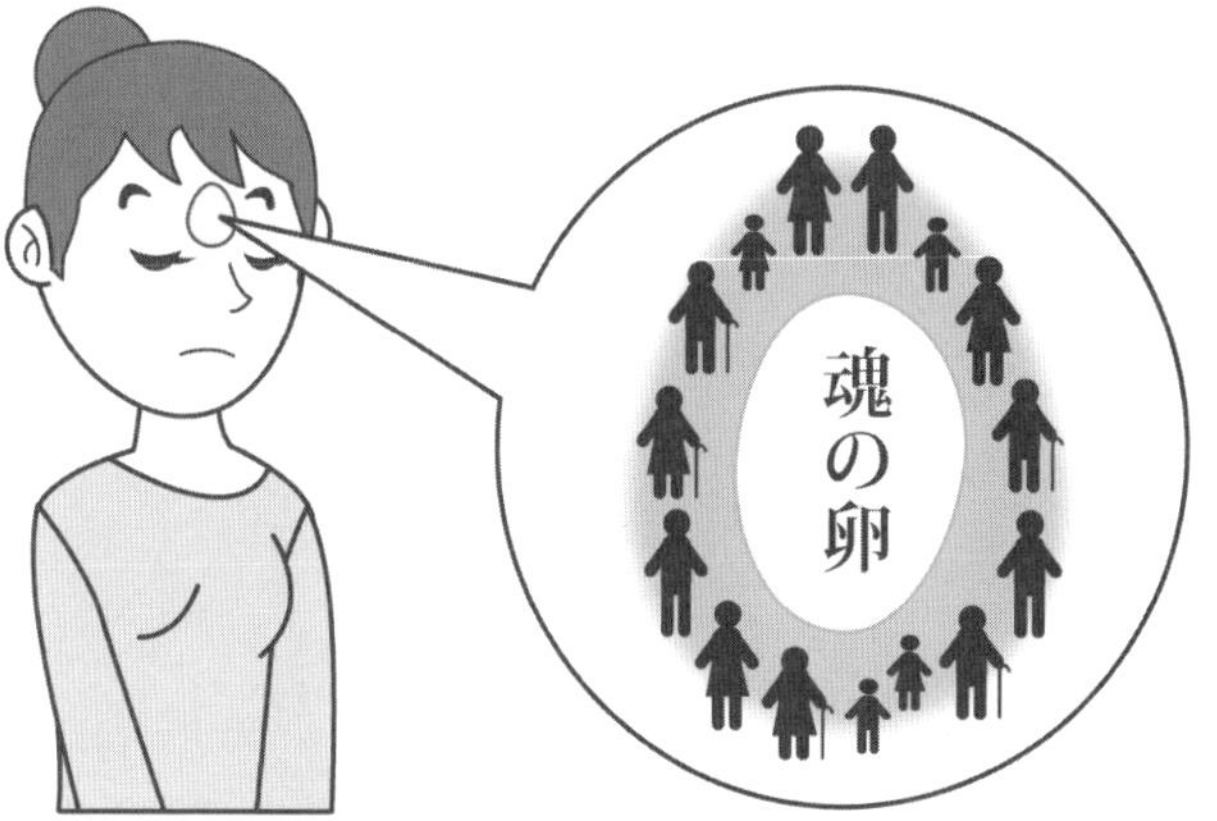

第三の目に「魂の卵」が浮かぶ。

第三の目で霊視をするトレーニング

以上の方法で、自分の「魂の卵」が苦労せずに見えた方もいると思いますが、「見えなかった」という方もいるでしょう。そういう方々のために、ここでは、第三の目で霊視をしやすくするトレーニング方法をご紹介します。

①目の前に裏返しにしたトランプを置きます。深呼吸を繰り返して精神を落ち着かせます。

札を裏返したまま、札に触れて、その札の色や番号をイメージしてみてください。札を表にして、イメージしたものと、色や番号が近ければ第三の目が鍛えられている証拠です。

このトレーニングを何度も繰り返して、第三の目によって霊視をするコツをつかんでください。

トランプの札に触れて、その札の色や番号をイメージする。

イメージした色や番号に近ければ、第三の目がしっかり鍛えられている。

第三の目で対象を見るイメージをしたら、次にとる行動をイメージする。

予想通りになったら、第三の目が鍛えられていると考えてよい。

②ご自身が飼っているペットや街中にいる動物を見かけたら、深呼吸を繰り返して精神を落ち着かせ、第三の目で対象を見るイメージをしてください。対象が次にどんな行動を起こすか、左に動くか右に動くかをイメージしてください（このとき、その動物に「左に動け！」「右に動け！」などと念を送ってもいいでしょう）。「動物の次の動きをイメージする」→「イメージした通りに動物が動く」という回数が増えてきたら、第三の目がしっかりと鍛えられている証拠です。

どちらの方法も第三の目で霊視をするよいトレーニングになりますから、何度も繰り返し、霊視能力を高めてください。

集中力を高めるには瞑想がよい

また、**初めての方が一番苦労するのは集中力です**。集中力はひたすらトレーニングを積み重ねることで、鍛えられます。

例えば夜寝る前のお風呂上がりに一日10分間瞑想の時間をつくるだけでも、一か月後にはかなり効果が出ているかと思います。瞑想しながら、自分が創造する魂の卵を脳裏に思い浮かべてイメージトレーニングをすることも効果的です。

部屋のカーテンを閉めて**真っ暗闇の中でやれば、肉体の目が使えませんから、第三の目がより開きやすくなる**でしょう。

さて、魂の卵はどのような感じに見えましたか？　大きさや色はいかがでしたでしょうか。

魂の卵の大きさ・色は人によって千差万別です。**大きければ大きいほど、パワーに満ち溢れていますし、小さくしょぼんとしたものだと、心身に何らかの病気があったり、運気が落ちていることを表します。**

色については霊視する人が見るヴィジョンによって誤差がありますし、はじめは「なんとなく見える」という感じかと思いますが、色には以下のような意味があります。

白　清らかな魂。すがすがしく、正直者で誠実ですが、ナイーブな方に多い色です。

黒　白の逆で、あまりよくない色です。必ずしも悪人とは限りません。周りにマイナスエネルギーや邪気が多く、それらを取り込んで淀んでしまっているのかもしれません。

赤　情熱的でパワフルな人が多いです。

緑　優しく、協調性がある方が多い色です。自然の中にいることを好みます。

青　優しく世話好きで、尽くす人が多い色です。

紫　パワーが強く、かつ高潔な魂に多い色です。芸術的感性も高いことが多いです。

黄色　楽観的でパワフルで、少し子供っぽい魂に多い色です。

芸能人をチャネリングしにくい理由

チャネリングの練習の際、一人だけを見るのではなく、タイプの違ういろいろな人を見る方が、よりトレーニングになります。

また、家族や恋人のような愛する人、逆に憎んでいる人をチャネリングするのは困難です。「こうだったらいいなあ」という願望、「こうなったらどうしよう」という不安などが雑念として入りやすいためです。

雑念が入った時点で、チャネリングは途切れます。チャネリングの対象は「好きでも嫌いでもない人」がよいでしょう。特にこれといった思い入れがなく、あまり知りすぎていない人、仲よくしすぎていない人、会ったことがある程度の人がやりやすいでしょう。

よく「芸能人をチャネリングしてみたい！」という方がいらっしゃいますが、芸能人は難しい場合が多いです。というのは、私たちが送るチャネリングの波動を邪魔する力があるからです。それは、守護霊がつくる結界です。

魂の卵の周りには守護霊がいて、結界を張っています。通常の人が相手だと、結界が張ってあっても特に悪意がない限りチャネリングの波動を飛ばせるのですが、**芸能人のようにやたら強運な人は守護霊も強靭《きょうじん》な方が憑いていて、その守護霊の放つオーラで魂の卵が隠れている状態になっていることが多いです**。

チャネリングの波動を飛ばしても、魂の卵の周りが守護霊の放つ光のオーラであまりに明るすぎて見えない、という場合が多いです。

次はオーラを見よう！

以上の方法で、魂の卵が霊視できましたか？　できた方は、次はオーラを見てみましょう。「まだ霊視できていない」という方は、第三の目で霊視をするトレーニングや瞑想をして、なんとか魂の卵が霊視できるようになってください。

では次に、オーラについてご説明します。オーラとは、**人が生きている限り発している内面から湧き出るエネルギー**のことです。

これは、電磁波・波動・生体エネルギーともいわれ、その人の体から波長となって発せられています。通常私たちは人と会ったときに、この波長からその人の雰囲気を無意識のうちに感じ取っています。

先ほど、魂の卵を霊視しましたが、**その魂の卵の色がオーラの色と共通している場合が多いです**。先ほど、魂の卵を見たときは、その人に会わずにチャネリングして魂の卵を見ましたが、オーラを見る場合は、その人に会って対面することにより、さらなる情報が入ってきます（もちろんチャネリングのみでやってもかまいません）。

対面でオーラを見る場合、**見る部分はその人の頭の周りです**。その場合も目で見るのではなく、第三の目に浮かんだイメージになりますので、最初は一回目を閉じて瞑想をしてから始めた方がよいでしょう。

慣れてくれば、目を開いていても、その人をパッと見ただけで、第三の目にイメージが浮かびます。

小さな子供が初めて会う人を見て、「この人、青っぽいね」「この人赤く光っているね」などと言うことがあります。子供は雑念が少ないため霊感が強くなりやすく、このときオーラが見えているのです。

大人になっても、初対面なのに会った瞬間に「なんとなくこの人に近づきたくない」と直感で思ったりした経験はありませんか。それは、その人のオーラが自分と合わないことを自ずと感じ取っているからです。

ここでは、オーラの色についてより詳しくご説明しましょう。

オーラの色と特徴を解説！

○白

純粋で誠実な人です。感受性が豊かで、ナイーブで傷つきやすい一面もある人です。自分自身の特別な空間を必要とします。

真に心を許せるのは、親しい友人やパートナー、あるいは同僚だけでしょう。白いオーラの人は、癒し系の人が多く、実際に他の人を助けて癒してあげることを好みます。また、恋愛関係でも、保守的なアプローチを選びがちです。

○黒

病的なオーラです。マイナスエナルギーが強く、周りの人間関係が邪悪で疲れきっている場合と、本人自体の魂が汚れている場合とがあります。いずれにしても、黒いオーラの人と関わる際は要注意です。

○赤

赤色オーラの人は、実践派で行動的であり、目的を成し遂げ、成功することを重要視します。刺激が好きで、自分が成功しているかどうかを判断するのに、自らがどれだけ力強く、競争的かということを基準にしたりします。

赤色オーラの人は、成功するためには努力を惜しみません。生まれながらの勝ち組志向の人と言っていいでしょう。また、赤色オーラは火の要素を持つことから、人生に対しとても情熱的で、欲望が深くセックスも激しい人が多いです。

○緑

緑色オーラの人は、バランス感覚に優れ、穏やかで平和主義で、調和を求める性格の人が多いです。自然が豊かな環境で生活することを好みます。

また社交的で、友人や家族と一緒にいることを好みます。緑色オーラの人は、人々に囲まれる環境で、感情を表に出し、何時間でも話し続けることが苦になりません。自分自身のことについて多く話すのを好み、話すことで自分の心と身体、精神のバランスを取っているようです。

○青

青色オーラの人は、「捧げる」「尽くす」「貢献する」「伝統を重んじる」という傾向を持ちます。とてもフレンドリーで、開かれた心を持って人を愛する、平和主義者です。

また感情的で寂しがり屋な人も多いです。人と一緒にいることを好み、とても社交的で、常に他人に気を遣います。そのため、サービスや接客業などに就いている人が多いです。

○紫

紫オーラの人は、カリスマ性があり、パワフルな人が多いです。先見的な目を持っており、自分の人生で何か重要なことをしたいという強い使命感を持っている方も多いです。

賢明で、洞察力や直感力に優れ、周りの人々の人生に影響を与えるだけの力強さや手段を持っています。エネルギーに溢れ、芸術的感性にも優れており、調和のとれた音楽からパワーや波動を感じ取れる才能の持ち主です。そのため、音楽好きが多いようです。

○黄色

楽観的で、子供のような明るい性格の人が多いです。ユーモアのセンスに優れ、笑うことも笑わせることも大好きです。

多くの友人がいて、新しい出会いをどんどん求め、楽しめる社交的な性格です。恋愛方面では、思いやりがありますが、自由を愛する性格なので、束縛することのないパートナーが向いています。

○オレンジ

創造性があり、理論的・分析的な人が多いです。勤勉で、物事を論理的に考えることができます。問題が生じても、時間がかかっても順序よく追究し、慎重に処理する能力を持ちます。

○ラベンダー

ラベンダー色のオーラの人は、夢の世界のような幻想的な世界が大好きです。想像や空想の世界にどっぷりつかって過ごすことを楽しみます。

スポーツをするなど、体を動かすことにはあまり興味がなく、体が弱い人も多いようです。肉体的な活動よりも、精神的活動が性に合うのでしょう。

○深緑

明るく知的で、エネルギーに溢れ、話し好きで、野心的で、高級志向の性格の持ち主が多いです。自分自身を含め、他人に対しても、高い目標を掲げ、それらを達成するまで満足しない完璧主義者も多いです。

そのため、友人や同僚等にプレッシャーを与えてしまう人も多いようです。

コラム　霊能力を高める食事

前述の通り、チャクラを開きやすくするには、日常生活にも気をつけなければいけません。そこで、ここでは霊能力を高める食事についてご説明します。

基本的には、加工品や添加物は食べずに自然のものを摂取するのがよいでしょう。

【食べた方がよいもの】

○スギナ

スギナ茶にして飲むと効果的です。

○ハーブ、ローリエ

昔から魔女の薬草学に使われてきました。

○なるべく無農薬の野菜

○海藻

○高たんぱく質で低脂肪のたんぱく源

【食べてはいけないもの】

○砂糖

砂糖は虫歯だけでなくガンや感染症、アトピーやアレルギーや膠原病《こうげん》、精神障害や発達障害の強力なリスクファクターとなります。

○人口甘味料

砂糖よりさらに危険です。甘味料は食欲中枢《ちゅうすう》を破壊し精神障害を誘発し、知能を下げ暴力的かつ攻撃的にさせる作用があります。アスパルテームやスクラロースは発ガン性も高く、キシリトール、ステビア、羅漢果《らかんか》などにもリスクがあります。最近流行りのカロリーゼロのコーラなどの飲み物には、アスパルテーム、ステビアなどの毒素が入っている場合があるので要注意。

○食品添加物

着色料は発ガン性が高く、増粘《ぞうねん》安定剤のカラギーナンを摂ると胃潰瘍《かいよう》の発生率が高くなります。コンビニ弁当には何十種類も添加物が入っているといわれています。

○トランス脂肪酸
不飽和脂肪酸を加熱し、水分を蒸発させ、水素を添加し、脂肪を凝固《ぎょうこ》させたもので、マーガリン、ショートニングなどです。欧米では規制が厳しいですが、日本は規制基準がゆるいです。

○農薬
神経毒であり麻薬と類似物質で、発ガン性も非常に高いです。野菜を購入するときは、なるべく無農薬野菜がよいでしょう。無農薬かどうかわからないものは洗ったり、キャベツなどは表面の葉っぱは捨てましょう。

○遺伝子組み換え食品
悪名高いモンサント社が中心となって流通させている食品です。ガン、アレルギー、自己免疫疾患、不妊や肢体の不自由や障害を生み出す可能性があります。

○牛乳
牛乳は骨を強くせず、かえって弱くするという研究があります。特に日本人は乳糖不耐症《ふたいしょう》（乳糖や牛乳を摂取すると腹痛・下痢などの消化不良になる症状）の人が多く、遺伝子的にも腸内細菌的にも牛乳が合っていません。

○畜産と養殖

生産の効率のために、ホルモン剤、抗生物質、ワクチンなどを大量に投与され、狭い不衛生な場所で大半が管理されているので、病気のものも多いです。アメリカ産牛やブラジル産の鳥はなるべく避けた方が無難でしょう。

○フッ素

歯磨き、テフロン鍋、粉ミルク、缶詰食品、薬などに使われています。発ガン性が高く、脳に溜まりやすく知能を低下させる、という研究結果があります。

○電子レンジ

電子レンジのマイクロ波は何もしなくても自動的に栄養不良を起こし、商品パッケージ（プラスチック容器等）から有害物質が溶出するという説があります。内分泌かく乱物質をはじめ、発ガン性物質などが含まれています。ロシアでは1976年に電子レンジの使用が禁止されています。

○水道水

地域によりますが、都心の水道水にはアルミニウム、鉛、有害塗料などが入り込んでいる場合があるので、なるべく浄水器はつけた方が無難でしょう。

○放射能

現在も福島第一原発から垂れ流されています。食品を購入するときは産地に気を付けたり、きちんと放射性物質検査を受けているかどうか確認した方がよいでしょう。

○ファストフード

保存料たっぷりで、使っている米国産の肉にはたっぷりのホルモン剤によって、成長を3倍早められたオバケ牛が使われていたりします。

○ポテトチップスなどのスナック菓子、コンビニスイーツ

たいていのものは添加物たっぷりです。

○着色料だらけの鮮やかなケーキ

［炭水化物は摂りすぎないこと！］

食事は食べすぎずに腹7分目がベストです。私は一日2食で、忙しいときは1食のときもあります。

朝は食べなかったり、食べる場合は炭水化物をほとんど摂らず、野菜と卵を食べています。朝から炭水化物をたくさん摂ると、運動していないのにいきなり血糖値が上がり、脳はパニックになります。

しかし、糖質は身体が欲していなくとも、「もっとほしい！」「もっと食べたい！」と思わせるような中毒作用があり、脳も必要ないものを必要だと勘違いしてしまいます。

私の場合、昼は出先が多いので、お腹が空いたら、食品表示で添加物などを確認した上でおにぎりと「野菜生活１００」など無添加の１００パーセント野菜ジュースを買うことが多いです。夜は、ご飯を茶碗半分かパンを半分と、レバーなど良質なたんぱく源と野菜を食べています。

【まごはやさしい】

「まごはやさしい」という言葉があります。

ま（まめ）＝豆類

ご（ごま）＝種実《しゅじつ》類
わ（わかめ）＝海藻類
や（やさい）＝緑黄色野菜、淡色野菜、根菜《こんさい》
さ（さかな）＝魚介類
し（しいたけ）＝きのこ類
い（いも）＝いも類

昔ながらの和食には、「まごはやさしい」のたいていの要素が含まれていることが多いです。自然が豊かな日本には、そもそも良質の野菜や海藻、良質のたんぱく源である魚介類を使った、チャクラの機能を高める食文化があるのです。

しかし、洋食は炭水化物とカロリーがたっぷりで、野菜不足になるメニューが多いです。ハンバーグやステーキに使われている肉が米国産の場合は要注意です。

「洋食でも、野菜サラダを頼めばいいじゃん！」と言う方がいらっしゃるかと思いますが、付け合わせのドレッシングは高カロリーなだけでなく、大概添加物が入っています。

第 5 章

守護霊と仲よくなり、ヒーリングができるようになろう

ヒーリングには「手かざし」と遠隔ヒーリングがある

次にヒーリングについてご説明します。

ヒーリングとは「癒し」ですが、宇宙の生命エネルギーを使って免疫を高める方法になります。**自分自身が宇宙エネルギー注入のパイプになり、宇宙エネルギーを自分の患部や他者の患部に注入して、回復を早めるやり方です。**

こう書くと、難しそうに思われるかもしれませんが、霊視同様に誰にでもできます。宇宙の生命エネルギーは森羅万象に存在する誰にでも使えるエネルギーだからです。

ヒーリングには、手をかざして行う「手かざし」の方法と、遠隔でやる遠隔ヒーリングとがあります。

お腹が痛くなったときに、とっさにお腹に手を当てたりしませんか。それにより、少し痛みが和らいだりしますよね。これは無意識のうちに「手かざし」の自己ヒーリングを行っているのです。

また、赤ちゃんが泣いているときに、お母さんが赤ちゃんの頭に手を載せると泣き止んだりしますよね。これも、ヒーリングです。

「手かざし」はもともと宗教とも関係が深く、呪術的治療の一種として、古くから行われていました。新約聖書にも、「信仰があれば手当てによる癒しが可能である」という趣旨のことが書かれているそうです。

シェイクスピアの『マクベス』第4幕第3場に描写がありますが、中世には王による手かざし「ロイヤル・タッチ」というものもありました。『マクベス』のその場面を引用しておきましょう。

医者「難破した一群の人たちが王のみ業《わざ》を待っています。彼らの病気は手を尽くしても治りませんが、王が手を触れる（＝ロイヤル・タッチ）と、天は神聖な不思議を王の手に与え、彼らはすぐに治ります」

近年では、宗教的要素を除かれ、気や陰陽、生命エネルギーといったスピリチュアル理論を基礎とした手当て・手かざしが、補完医療あるいは民間療法として行われることが増えました。体の正の電荷・負の電荷が健康に影響するとする「ポラリティセラピー」というエネルギー療法もあります。

ニューヨーク大学看護学部教授のドロレス・クリーガーやアメリカ神智学協会元会長でヒーラーのドラ・クンツが提唱したセラピューティック・タッチもありますし、レイキ・ヒーリングなどもあります。

レイキは臼井《うすい》甕男《みかお》（1865〜1926）が始めた日本の「臼井式霊気療法」が独自に発展を遂げたものです。

日本では昭和初期に、臼井式から分かれた江口俊博（1873〜1946）の「手のひら療治」が爆発的なブームになりました。これは「江口式」とも呼ばれました。

また、西勝造《かつぞう》（1884〜1959）が創始した「西式健康法」の一部である触手療法や、「野口整体」で有名な野口晴哉《はるちか》（1911〜1976）が提唱した愉気法《ゆきほう》も手のひら療法の一種です。

それでは、やり方をご説明します。

◎手かざし

チャネリングをするときのように姿勢を正しくして座ってください。深呼吸して雑念を払い、チャクラを開きます。

やる前に、前述の集中力を高め、森羅万象・宇宙とつながりやすくするための儀式（☞68ページ）を行ってもかまいません。

口からゆっくりと（7〜8秒くらいかけて）息を吐き、吐き切ったら、鼻と頭のてっぺんからきれいな空気と美しい光が体内に入ってくるイメージをしながら、ゆっくりと息を吸います。これを何回か繰り返します。

手や体が温かくなってきたら、エネルギーが出てきている状態です。温かさが実感できないときは、もう少し深い呼吸を繰り返します。

手が温かくなったら、手を患部に当てます。終わったら、森羅万象・宇宙に感謝と尊敬の念を込めてお礼をします。

私の場合は「ありがとうございました！」という気持ちを込めて、再度反時計回りに東西南北にお辞儀をします。

◎遠隔ヒーリング

遠隔ヒーリングは、癒したい相手が目の前でなく遠方にいる場合に、相手の魂とのチャネリングも合わせて行うヒーリング方法です。手かざしより、霊視能力と集中力が必要となりますが、これも訓練すれば誰でもできるものです。

遠隔ヒーリングの場合も、手かざしと同様に、姿勢正しく座って、深呼吸し雑念を払い、チャクラを開きます。手かざしと同様の呼吸方法で、身体からエネルギーが出ている状態にします。

ここからが、手かざしと異なる部分ですが、**癒したい相手の魂の卵を霊視します**。何度か相手の名前を唱えて、第三の目で相手の魂が見えるまで続けます。

チャクラが開き第三の目が開くと、身体がどことなく温かくなるでしょう。このとき、相手の魂はどうなっていますか。

魂の卵がしぼむように小さくなっていませんか。魂の卵が黒ずんでいませんか。

最初はボンヤリとしたイメージでかまいません。**しぼんでいる場合は生命力・精神力が衰えている証拠です**。病気を治そうとしても、精神力・生命力が弱まっているので、治りづらくなっています。

魂の卵が黒ずんでいる場合も不健康で、悪い付き合いをしていたり、悪霊が憑いている場合もあります。

魂の卵がしぼんでいる場合は、太陽の光り輝く光や青い空、緑あふれる大地などを思い浮かべながら、そこから生命エネルギーが湧いてくるイメージを持ちます。そして自分がパイプになって、相手の魂の卵を膨らますイメージで、深く深呼吸をします。

このときに欲を持ったり、金銭のことを考えているとうまくいきません。ただ、そうしたとしても、相手の体調が悪くなることはありませんが。

そのイメージを保ちながら、深呼吸をしばらく続けます。そのうちに、**第三の目で見る相手の魂の卵が、あなたのパイプを通して取り入れた生命エネルギーによって膨らみ、正常な状態に戻るはずです**。

相手の魂の卵が黒ずんでいる場合も同様で、太陽の光り輝く光や青い空、緑あふれる大地などからエネルギーを取り入れて、魂の黒ずんだ部分に当てるイメージをします。途中で集中力が途切れたり、あまりうまくいかない場合は、目の前で六芒星（☞70ページ）を切りましょう。

また、相手の患部が具体的にわかる場合は、魂の卵とは別に、**相手の姿とその患部もイメージします。**相手の患部に同様に森羅万象・宇宙のよい生命エネルギーを当てるイメージをしながら、深呼吸を続けます。

さらに、悪い因子やマイナスエネルギーが来ないように、自分の目の前で六芒星を切って、さらに相手の前で六芒星を描くイメージをつくって結界を張ります。

こう書くと「結局、自分がイメージしているだけでは？　こんなので効くの？」と思われる方もいるかもしれません。私も最初はそう思っていました。

しかし相手のもともと持っている生命力によって個人差はありますが、実際に効果はあるのです。

というのも、第3章でも述べましたが、霊力とは念の力です。ヒーリングによって、自分の念も飛んでいますし、さらに自分がパイプになることで、森羅万象のよいエネルギーの念を相手に飛ばすことが可能になるのです。

若くて生命力に満ち溢れた人ほど効果が出やすいです。

逆に、生きる目的意識がなく、年齢もそこそこいって生命力が弱くなっている方だと、残念ながら効果があまり出ないかもしれません。効果があっても、すぐにヒーリング前の状態に戻ってしまったりします。

また、たまに「病気のペットをヒーリングしてください」というご依頼もいただくのですが、**動物の場合は人間よりも難しくなります**。

人間の魂の方が「念」が強いだけでなく、他の念のエネルギーにも敏感なので、ヒーリングに反応してくれますが、動物の場合は人間よりは念が弱く、他のエネルギーを注入した際の反応も人間より鈍くなってしまいます。

守護霊と語り合えるようになる方法

ここでは、ヒーリングをよりうまく活かせる方法についてご説明します。それは、相手の守護霊に相手の守護を頼むことです。

「え？　霊にどうやって頼むの？　霊と話せるわけないじゃん」と思われる方もいる

でしょう。しかし、**霊とは生きている人間と同様に会話が可能**なのです。

それは、耳から日本語の音声で入ってくるのではなく、頭上にある第一チャクラにイメージや映像で降りてきます。テレパシーと同等のものだといってよいでしょう。

霊魂の正体は念に近いと前に書きましたが、念だから意思があるのです。

私はご依頼がある度に毎日のように霊魂と話して、ヒーリングのお願いや縁結びのお願いをしたり、守護霊さんからアドバイスをいただいたりしています。

早速、やり方についてご説明しますが、魂の卵がすでに霊視可能になっている方には難しいことではありません。

①チャネリングの姿勢をとり、呼吸法をし、集中・瞑想します。必要な場合は集中力を高め、森羅万象・宇宙とつながりやすくするための儀式（☞68ページ）を、森羅万象・宇宙への感謝・尊敬の気持ちを込めてやります。
②第三の目から相手の魂の卵へ視線を飛ばすイメージをして、魂の卵を霊視します。
③ここからが、新しくお教えすることですが、**魂の卵の周りを見るようにします**。今まで魂の卵を、カメラを寄せてクローズアップして見ていたかと思いますが、少しカ

メラを引いて周囲も写すイメージをしてください。
④周りに何が見えますか？　最初はボンヤリとしたオーブのような状態でイメージが入ってくるかもしれませんが、**魂の卵の周りにいらっしゃるエネルギー体こそ守護霊**です。

オーブのように丸か楕円形に見える場合もあれば、人間の形だと判別できる場合もあります。訓練を重ねるごとに、このイメージは段々と輪郭がわかるようになり、いずれはどんな守護霊が憑いていらっしゃるのかが見えるようになります。

そして、守護霊が何を語っているのか、憑いている本人に何か要求しているのか、といったことがわかると、あなたはその守護霊と語り合えるようになります。その場合も、言葉で伝えるのではなくテレパシーを飛ばす形になります。

これには訓練が必要なので、最初はできなくてもまったく気にする必要はありません。毎日10分でもチャネリングの練習をしていれば、個人差はありますが、一か月後にはこのようなテレパシーのやり取りを感じられるようになるでしょう。

守護霊は生きている人と同じで、その性格は様々です。優しくて親切な人、親切がすぎて過保護になり守護する人から様々な試練を取り除こうとまでする人、逆に自由放任主義で、守護する相手が困ってもあまり助けない人。

どれがベストということはありませんが、**生きている人間同士の人間関係同様に相性が合う合わないはあります**。

私の場合は何人かいらっしゃるのですが、テンプル騎士団の魔術師だった方が一番強い守護霊です。この方はピンチの度に助けてくださり、悪い縁は引き離してくださいます。

ただ男性を見る目が厳しく、私と同等の霊力がある男性でないと付き合う相手として認めてくださらないのです。私は今の主人と結婚する前は短命の恋愛が続きました。

テンプル騎士団とは中世の三大騎士団の一つです。聖地巡礼者の保護を目的としてソロモン神殿跡を本拠として創設されました。

各地に城塞を築き、十字軍の主力として活躍するとともに、団員の資産をもとに金融機関を運営し、フランス王家にも資金援助を行っていました。しかし、その力を懸念したフランス王フィリップ4世の弾圧により解体しました。フリーメイソンはこの騎士団から派生した、という説もあります。

私の主人は奄美《あまみ》大島（鹿児島県）のユタの血を継いでおり、主人のお祖母さんは心霊能力者でした。不思議なことに主人の前に付き合った彼氏の二人が主人と同じ誕生日だったのですが、テンプル騎士団の魔術師は私が生涯の伴侶となる相手の誕生日を知らせてくれていたのです。

私はその守護霊に感謝していますが、人によっては「守護霊に運命を翻弄されたくない！」と思われる人もいるかもしれません。守護霊は実は入れ替えもできますが、これについては後述します（☞150ページ）。

守護霊に相手の守護を頼む方法

さて、守護霊とテレパシーのやり取りができるようになったら、ヒーリングをする場合は「守護霊さん、どうか○○さんを守ってください。自然治癒力を上げて、病気が早く治るよう導いてください」と念を送ります。そのときに、守護霊さんは「はい、わかりました」とおっしゃるだけでなく、何かしらメッセージを発信されるかと思います。

チャネラー（チャネリングする人）の仕事はこの通訳業務になります。病気には何かしらの原因があり、守ってくださる守護霊がその原因について前々から忠告していたのに、守ってもらっている方はその忠告に気がつかず病気になってしまう場合が多くあります。

例えば、「生活習慣を改めるよう伝えてください。休みなく毎日残業していて体がボロボロになってるから、守護が本当に大変なんですよ」とか、「お酒の飲みすぎだし、日頃から脂っぽいものばかり食べて、もっと健康的な食生活にしてくれないとこっちも困ります！」などと伝えてほしいと頼まれます。

悪い人間関係によりマイナスエネルギーを受けて精神的に消耗して病気になる場合は、「この人、毎回悪い男性に惹かれて騙されるんです！　先日も不倫関係の相手に騙されて泥沼だったのに、今回も……何度忠告しても懲りてくれません」とか、「金がジャンジャン入ってくる、とか言ってくる変な悪徳業者に騙されたのに、未だに気づかないんです。もうこれ以上マイナスエネルギーから結界を張るのが大変です！」とかと文句を言われます。

守護霊さんもいろいろと苦労が多くて、大変なのですよね。これらのメッセージを受け取ったら、「わかりました、○○さんにお伝えします。こちらも説得しますので、どうかご加護をお願いします。本当にありがとうございました」とテレパシーを送ります。

守護霊に感謝の念をお送りした後は、森羅万象・宇宙エネルギーにも感謝の念を送ります。ここで終わりの儀式として、集中力を高め、森羅万象・宇宙とつながりやすくするための儀式（☞68ページ）をやってもいいでしょう。

縁結びのために、魂の卵同士をセックスさせる

以上の方法を使えば、ヒーリングのみならず、縁結びの祈祷《きとう》も可能になります。例えば、花子さんから「太郎くんと結ばれたい」という縁結びの依頼があった場合は、花子さん・太郎くんの双方の守護霊とチャネリングをします。

手順は112～113ページ掲載の守護霊と語れるようになる方法の①～④と同様

です。その後に、花子さんの守護霊、太郎くんの守護霊それぞれに「守護霊同士のお見合い」をするようお願いします。

花子さん・太郎くんが遠距離にいたとしても、霊の次元では距離は関係ないので、チャネリングしているその瞬間にお見合いが可能になります。そのときに、双方の守護霊からメッセージを受け取ります。

例えば、太郎くんの守護霊は「太郎くんは自分がシャイだから、明るくて楽観的でよくしゃべる女性が好きなんだ、花子さんは今のままではちょっと控え目すぎるかな～」とおっしゃったりします。一方の花子さんの守護霊が「花子さんは、いつも恋愛に消極的で自分から動かないから、チャンス逃すのよね～」とアドバイスしたりします。

これらのアドバイスを依頼人の花子さんに伝えてあげるわけです。さらに花子さんと太郎くんの魂の卵同士をセックスさせます。

魂の卵同士がセックスするなんて意外に思われるかもしれませんが、魂はエネルギー体であり、**エネルギー体同士を化学融合させるイメージです。**これには、通常のチャネリングより強い念の力が必要で、もし守護霊同士がお見合いして相性が合わない場合はうまくいかないことがあります。

それでも、一時的に結びつけても何か悪いことが起きたり、守護霊が怒ってあなたに取り憑くということはありませんから（取り憑く霊は浮遊霊なので）、とりあえず頑張ってみてください。同時に二つの魂の卵をイメージして、お互いの魂の卵の距離を段々近づけるよう念力を送るイメージをしてください。

魂の卵が素直に動くか、反発するのかを見ます。これで簡単にくっつけば、それはもともと相性がバッチリの男女だったということです。

一つの輝くエネルギー体になったり、花や芽になるイメージで降りてくることもあります。このような場合は、気持ちを伝えたらうまくいく可能性大です。

さらに、魂の卵のセックスが成功すると、現実世界でも潜在的に相手をより意識するようになります。魂のセックスは魂の世界で無理やり結びつけるもので、短期的なものです。何もしなければすぐに離れてしまいます。

告白したり何か行動を起こすのは、魂のセックスをしてからなるべく早い時期がよいでしょう。私がご依頼を受けて、魂のセックスをさせるのは告白する前夜が多いです。

しかし、ここでどちらかが逃げたりしたら、その時点ではまだ相性はよくないということです。その場合は、自分を変えて少しずつ相手の立場に歩み寄るか、あきらめて違う人を探した方がよいでしょう。

恋は盲目で、恋しているときはその相手のことしか考えられないでしょうが、実際には互いがもっと円満に幸せになれる相手はたくさんいるのです。

一方的に強気で追いかける恋愛の場合、**一方の魂が相手の魂を食べてしまおうと追いかけ、相手の魂はひたすら逃げる、という光景をよく見ます**。この場合は現実世界でもうまくいきません。

第 6 章

安全な呪い方と
危険な呪い方

「藁人形でクギを打つ」は間違った呪い方法

「呪い」というと、皆さんはどんなイメージをお持ちでしょうか。「藁《わら》人形でクギを打つ」「処女の生き血や動物を生け贄《にえ》に捧げる」「悪魔と契約する」といったグロテスクな行為でしょうか。また、「人を呪わば穴二つ」というように危険なイメージを持たれている方が多いのではないでしょうか。

これらは、本当に危険な呪い方法ですし、こんな方法で本当に人を呪えるわけではありません。悪霊や生け贄に捧げられた動物霊によって、相手より自分自身が苦しめられるか、悪魔を使役しようと思ったのに逆に自分自身が使役されてしまうでしょう。

ここでは、**本当に安全に人が呪える方法について、お教えします**。

「でも、呪いって悪いことじゃないの？」と考える善良な方がいらっしゃるかもしれません。しかし、この世には実際悪人がたくさんいるのに、証拠不十分だったり手続きが複雑なために法の裁きが下されず、被害者は苦しみ悪人は笑うばかり、というケースも多々あるのではないでしょうか。

犯罪者は「法の抜け穴」を利用することが多く、その一例として世の中に詐欺師はたくさんいますが、「詐欺罪」は立証が難しいので刑事事件として警察がなかなか扱ってくれない場合が多いようです。詐欺師が「そのときは騙すつもりはなかった」と言えば詐欺になりません。

あるいは最近、また酒鬼薔薇聖斗《さかきばらせいと》こと少年Aが話題になっていますが、少年法に甘んじた少年犯罪も「法の穴」を利用していると言えるのではないでしょうか。

この犯罪者たちに復讐したい場合、リンチをしたら法律で処罰されますが、日本国憲法では現状では呪いをやっても処罰されることはありません。ただし、「お前を呪い殺してやる！」という脅迫の手紙を送ると、「呪い罪」はなくても「脅迫罪」で捕まってしまう場合がありますので、ご注意ください。

あくまで私個人の考えですが、このような犯罪者たちには「呪い」を行っても倫理的に問題はないと思っています。もちろん、本人も罪を認めて改心し、法の裁きを受けた犯罪者は除きますが、改心もせず法の抜け穴を利用して、のほほんと生きている悪人には私も心底苛立ちます。

被害者の方々が何もできずに、いつまでも怨みの念とともに自分の生き霊を飛ばしていて、それにより苦しめられ消耗し続ける方が倫理的におかしいのではないかと思うのです。

ただし、これから「呪い」をお教えする上でいくつかお約束いただきたいことがあります。これらの一つでも破って「呪い」を行ってしまうと、非常に危険であり、私はその後のことは一切責任を持てませんので、どうかご了承をお願いします。

①「脅迫状」を送らないこと（ネット上やメールで脅迫するのもダメです）。脅迫状を送ると逆に自分が脅迫罪で逮捕されかねません。

②主観のみでなく、第三者から見ても明らかに「悪人」だという人物のみに使うこと。例えば、単なる三角関係で「彼氏が他の女が好きになったと言って、ふられた！」という理由でその女性を呪っても、この方法は効果がありません。効果がないからと何回かやると、自分自身が自分の生き霊に憑かれ、消耗してしまいます。

③いつまでも怨まないこと。「呪い」を行ったことをケジメにして、怨みを忘れる努力をすること。時間とともに忘れていけば、自分自身の生き霊に自分が苦しめられる

ことがなくなります。
④怪しい高額な呪い代行業者・復讐屋と関わらないこと。

以上のアドバイスを守っていただけるなら、「呪い」は危険どころか、ターゲットに苦しめられてきた被害者の方にとっては自己ヒーリングにもなるでしょう。それでは、その方法をご紹介します。

生き霊たちを魂の卵の中核に投げてやればいい

簡単にいうと、「ヒーリング」と逆のことをやればいいのです。

①チャネリングの姿勢をとり、呼吸法を行います。集中力を高め、森羅万象・宇宙とつながりやすくするための儀式（☞68ページ）を、しっかり行うことで結界を張ります。そして、森羅万象・宇宙への感謝・尊敬の気持ちを込めます。

②第三の目から相手の魂の卵へ視線を飛ばすイメージをして、魂の卵を霊視します。相手が悪人の場合、魂の卵が黒ずんでいたり、黒いシミのようなものがたくさん見られる場合が多いです。

③ここからが、新しくお教えすることです。ヒーリングの際に守護霊を視たときのように、魂の卵の周りを視ます。

悪人の場合、たくさんの人の怨みを買っているので、黒く淀んだ生き霊が魂の卵の周りを浮遊していて、生き霊たちが結界を突き破って、魂の卵の中に入らないよう守護霊がガードしている、という光景がよく見られます。それでも、ガードしきれないので、魂の卵はドンドン黒く淀んでいき消耗します。

④つまり、守護霊がつくっている結界を突き破って、魂の卵の周りを浮遊する生き霊たちを魂の卵の中核に爆弾のように投げてやればいいのです。そうすれば、ターゲットは一気に消耗します。

その生き霊たちはもともと、ターゲット（その悪人）に攻撃をしたがっているので、新しく悪魔や動物霊を呼び出す必要はまったくないですし、わざわざあなた自身の生き霊を飛ばす必要もありません。そこで浮遊している生き霊たちの手助けをするだけなので、生き霊たちの怨みを買ってあなたに憑いてくることはありません。

そこにいる生き霊たちの標的はターゲットのみですから、その意味でもあなたに憑くこともないのです。

これをやるには、第三の目から飛ばす念力の視線に一気に力を込めて、魂の卵の周りの殻を突き破るイメージをしてください。「崩壊せよ！」「もっと、壊れろ！」「（生き霊たちに）さあ、行きなさい！」というような強気の念をドンドン送ります。

第三の目にあるイメージに変化があり、生き霊たちが殻を突き破って魂の卵の中に入っていったら成功です。人間の念の中では、**慈しみや慈愛より怒り・憎悪の方が強いので、実はヒーリングよりやりやすい場合が多いのです。**

⑤終わりにも森羅万象・宇宙とつながりやすくするための儀式（☞68ページ）をしっかりやり、森羅万象・宇宙への感謝の念を込めてあいさつします。

以上が、「呪い」の方法になります。ただし、この方法は相手に呪えるほどの生き霊が憑いている悪人である場合にのみ有効です。また、悪人の場合は守護霊にもすでに見放されていることが多いので、結界が破りやすいケースが多いです。

この場合のリスクは悪人に憑いた生き霊とは別に、部屋にいる悪霊に気に入られてしまってあなたがもらってきてしまう可能性があることです。これは、後ほど除霊方法についてもお教えしますが、68ページの儀式をやることで自分に結界が築かれていれば大丈夫です。

また、何より怖いのは自分の生き霊で、自分の生き霊に比べたら、浮遊霊など恐れることはありません。どうにも相手を怨む気持ちが強く、生き霊を飛ばしていたような人は、「呪い」をやることで、すっきりして生き霊を飛ばすのをやめられるなら、やった方がかえって安全なぐらいでしょう。

呪いを解除する方法

念のため、「呪い」の解除方法についても説明しておきましょう。もし呪いの効果が予想外に強く、「やりすぎてしまった」と罪悪感に駆られた場合、呪いの解除ができます。

これは、前述のヒーリング（☞108〜109ページ）をやるだけです。ヒーリングで魂の卵を膨らませて、生き霊によって黒ずんだ部分に森羅万象・宇宙エネルギーを当てるイメージです。

ただし、前述したように「呪い」の念・力の方が強く、悪人の場合はその悪人の守護霊にご加護をお願いすることが難しいので、呪いの力を弱めることはできても、呪う以前の状況に戻すのはなかなか難しいのが現実です。現実世界でも、あらゆることが壊すのは簡単だけど、戻すのは難しいのと同様です。

そのため、呪いをするときは必ず、それなりの覚悟で挑んでいただきたいと思います。

コラム　やったら危険な呪い方法！

呪いについてご説明してきましたが、ここでは絶対にやっていただきたくない呪いの方法について記述します。これをやったら、心身が消耗し、しまいには寝たきりの廃人にもなりかねない方法ですので、ご注意ください。

◎生き霊を飛ばす

人を怨み、怨み続けるという簡単な呪い方法です。これをするだけで、自分の生き霊が飛んでいき相手に不幸が起きます。

念が強ければ強いほど、強い生き霊が飛びます。しかし、自分自身にも被害があり、心身が消耗したり、病気になりやすくなったり、悪夢を頻繁に見て不眠症になったりします。

◎こっくりさん

漢字では「狐狗狸」と書きますが、動物霊を呼び出す呪い方法です。動物霊は一般的には人間より念の力が弱いので、強い念を持つ人間のところには怖がってやってきません。

しかし自分より弱い念だと判断すると、怖がらずに面白がって来ますが、動物霊は言うことは聞きませんし、意思疎通が難しいです。もし交通事故や虐待で死んだり、保健所で殺されたりして、人間に怨みを持つ動物霊が来た場合は、こっくりさんをやっているあなたに憑いてしまうかもしれません。

◎藁人形

昔からある、丑《うし》三つどきに藁人形を五寸釘で打ち付けて行う「丑の刻参り」は、怨みを持つ浮遊霊に頼んで呪ってもらう方法です。しかし、このとき同じような怨みを持った浮遊霊が、あなたの怨みと同調してあなたの身体の中に入ってくるかもしれないので、非常にリスクが高いです。

素人が身体に霊を取り込むと、呪いが終わって「もう用済みだから、帰っていいよ」と言っても簡単に帰ってくれません。もともと、現世に心残りがある霊なので、身体の中に滞在してしまうことが多いです。

そうなると、あなたは心身が消耗し、やる気がなくなり、性格も変わってしまうこともあります。怒りっぽくなったりイライラして、周りの人間関係が崩れていきます。

すべてにやる気がなくなって、最悪の場合は寝たきりの廃人になりかねません。

◎悪魔と契約する

「悪魔」というと宗教によって意味が異なり、存在の定義が難しいのですが、ここでは強い邪念や憎しみ、汚い欲情といったマイナスな念のエネルギーのかたまりと思ってください。悪魔を呼び出す際はたいてい危険な生け贄を使った儀式を行います。

動物をなるべく苦しませて殺し、その苦しみと憎悪を悪魔を呼び出す餌《えさ》にしたりと、残虐なものが多いです。もちろん、それを行っている黒魔術団体もマトモなものではありません。

おかしな教祖がいて、信者が洗脳されている大きなマイナスエネルギーを抱えたカルト団体には、関わらない方がよいでしょう。

また、悪魔を呼び出せたとしても、悪魔は人間の言うことを聞きません。むしろ、人間の欲望につけ込んで、人間を使役して遊ぶので、呪いたい相手を呪ってくれるとは限りません。

第7章

除霊と浄霊と守護霊の入れ替えはこうやろう

悪霊が憑いている人の見分け方

この章では、霊に取り憑かれた場合はどうすればよいか、いかに祓《はら》えばいいか、についてご説明します。

霊を祓う方法には2種類あり、除霊と浄霊があります。除霊は身体から霊を取り除くだけの行為ですが、浄霊は霊に出てもらい、苦しみを取り除き、さらに成仏させる方法です。

浄霊には、それなりのチャネリング能力が必要ですので、まずは除霊についてご説明させていただきます。

除霊……身体から霊を取り除くだけ

浄霊……身体から霊に出てもらい、苦しみを取り除き、成仏させる

そもそも「霊が取り憑く」といいますが、それはどのような状態なのでしょうか。第1章で、「ほとんどの霊は悪さはしない」と述べましたが、「霊が取り憑く」とは本当に危険な邪気を持つ浮遊霊や生き霊が憑いた場合をいいます。第1章で述べたケースBが、それに当たります。

すでにチャネリングができるようになっている方は相手のオーラや魂の卵を見て、悪霊が憑いているか憑いていないかがわかるかと思います。悪霊が憑いている場合はオーラも魂の卵も黒く淀み、生命力が弱くなっています。

まだチャネリングに慣れていない方は、以下の点が当てはまらないか、確認してみてください。

○目付きが以前より悪くなっていないか？

○原因不明なのに体力が落ちたり、視力が落ちたり、異様な疲れに悩まされていないか？（昔、「疲れる」は「憑かれる」と同意だった、という説があります）

○不眠症で悪夢に悩まされていないか？

○最近、やたら肩がこらないか？

○以前より悲観的になり、マイナスの言葉を多く発していないか？

このうち1点でも該当したら、悪霊に取り憑かれているかもしれません。該当する数が増えるほど、悪霊に取り憑かれている可能性は高くなると言えるでしょう。

また相手のことはわかっても、自分自身が生き霊を放っていたり、自分の中に悪霊が入っている場合は自分のチャネリングはできないので、右記の点をチェックして自分が悪霊に取り憑かれていないかご確認ください。

霊に憑かれているとしたら、何かしらの要因があります。

浮遊霊は自分の波長と似た波長を好みます。例えば、恋の怨みがある人には同じく恋の怨みがある霊が憑きやすいです。

呪いの章でも紹介しましたが、怨みの念は生き霊を放ちます。そして生き霊はさらに浮遊霊を呼びます。

あるいは、マイナスの感情を抱えたまま軽い気持ちで心霊スポットに行くと、霊が心霊スポットよりあなたのマイナスの波長に居心地の良さを感じて憑いてくる場合があります。

霊に取り憑かれやすい人の特徴

以下のような人が霊に取り憑かれやすいです。

○霊に同情する人
○遊びで肝だめしや心霊スポットに行く人
○マイナス思考で悲観的な人
○マイナスの言葉が好き人
○人に怨みや妬《ねた》みを持つ人
○常に愚痴をこぼす人
○人や物に強く執着する人
○部屋が汚い人
○部屋の換気をしない人

○ご先祖様を敬わない人
○人から怨みを買う人

一つでも当てはまり、かつもともと霊感が強かったり、本書を読んで霊感が強くなった方はご注意ください。逆に明るく楽観的で、怨みを持っても一晩寝て違うことを考えたら怨みを忘れてしまうような人には悪霊は憑きません。

なお、本書では霊感を高めるためにどうすればよいかを繰り返し紹介してきたので、おわかりかと思いますが、チャネリングの度に森羅万象・宇宙への感謝の念を込めてプラスエネルギーを取り入れていることを勧めています。

その通りにしていただければ悪霊が憑くことはありません。

霊が憑いてしまった場合の除霊方法

それでは霊が憑いてしまった場合の除霊方法についてご説明します。

①自己ヒーリングを行う

特に原因が自分自身の生き霊の場合、自己ヒーリングを繰り返すことによって生き霊が取れます。マイナスエネルギーが追い出されプラスエネルギーが入ってくるので、マイナスエネルギーと波長が共鳴していた霊は居心地が悪くなって出ていくのです。

②「てめぇ、来たらぶっ殺すぞ！」などと強気の念を送る

霊に憑かれるのは、霊がかわいそうだと思い、同情する優しい人である場合が多いです。しかし、**同情しても、霊はますます残留思念が強くなり成仏しにくくなるだけで、何もよいことはありません。**

憑いたと思ったら、「**ウザいハエが来たぜ。ここにいたらぶっ殺すぞ！**」と強気でいれば、自分より強い念の持ち主かと思って怖がって離れていきます。またポルターガイストのような霊障が起きても、気にせず「**また変なゴキブリがウヨウヨしてるな**

〜」くらいに思うことです（この通りにしろということではなく、このぐらいの激しい言葉で罵倒する気持ちでいた方がよいということです）。

特に子供の霊や動物霊の場合は「かまってちゃん」が多く、気づいてほしくてポルターガイスト現象が起きることがありますが、これは無視するのがよいでしょう。

逆に気にしたり、その度に騒いだり怖がったりすると、霊は面白がって遊びを続けてしまいます。

私は仕事のとき以外は霊に話しかけられても無視しますし、この世には生きている人間より死んでいる人間の方が多いので、いちいち反応していたらきりがありません。

③線香を焚く

お線香の煙は「魂を空に上げる」意味があるため、成仏へとつながりやすくなります。

④塩を使う

塩には除霊効果があります。身体に塩をかけて浄化したり、塩風呂に入ったり、部屋に盛り塩を置くやり方があります。

塩はなるべく天然に近いものがよいでしょう。市販の味付け塩のように不純物が入った塩では効果がありません。

盛り塩は部屋の四隅に置くか、一か所の場合は鬼門《きもん》（北東）に置くとよいでしょう。**霊道は、鬼門（北東）から入ってきて裏鬼門（南西）へと流れている**ため、その入り口に置くと効果的なのです。

よく盛り塩を玄関前に置いている方がいらっしゃいますが、これは玄関から新しく悪霊が入らないようにする魔除け効果はありますが、すでに部屋の中に入ってきている霊には効果がありません。

盛り塩は、数時間置いたら撤去してください。塩には不浄物霊がまとわりつきます。**ずっと塩を置いていると、その塩の周りを霊がずっとうごめいている状態になってし**

まうからです。

また塩がホコリなどで汚くなると除霊効果もなくなります。翌日も盛り塩を置きたい場合は清潔なものに取り替えてください。また睡眠中にはやらないでください。

寝ている間に枕元に盛り塩を置く人がいますが、寝ている間の人間は、霊界とつながりやすく憑依されやすいので危険です。**寝ている間に盛り塩なんて置いたら、頭の上を霊がウヨウヨと浮遊していることになります**。おそらく悪夢を見るでしょう。

使った盛り塩はゴミとして捨てましょう。キッチンやトイレに流してしまう人がいますが、これをやると水によって塩が浄化され、塩から霊が流れ出て、部屋の中に戻ってきてしまう恐れがあります。

⑤寺社や教会にお参りする

近くの神社やお寺、教会へ参拝に行って身体を浄化することでも、霊の強さによりますが除霊と浄霊がしやすくなります。

⑥古いお守り・魔除け、怪しいオカルトグッズを捨てる

まじめできちんとした寺社で買ったお守りならよいのですが、**怪しい金銭欲まみれの自称霊能者から買ったお守りはマイナスエネルギーが入っている**ので、逆に霊が憑きやすいです。それで霊障が起きたら、またその自称霊能者にお祓いをお願いして、自称霊能者はさらに儲かる、というシステムになっているかもしれませんね。

また、古いお守りはすでに力尽きているので、しっかりと買った寺社に供養してもらうのがよいでしょう。よくお守りを集めて、たくさん持てば持つほど守ってくれる、と勘違いしている方がいらっしゃいます。しかし、これは非常に危険です。

特に宗教・宗派が異なる場合は、その神様同士が喧嘩してしまう場合があります。お守りはお世話になっている寺社や教会で買った、自分と波長が合うものを一つ持っていれば大丈夫です。

⑦部屋の掃除・換気をする

部屋が汚く、換気がされておらず、ジメジメして空気が重い場合は霊が溜まりやすくなります。

⑧人形をきれいにする

人形に霊が憑きやすい、とは昔からいわれていることです。第1章のケースCのような**ボロボロになった無惨な状態の人形は霊を呼んでしまう**場合があります。

この場合、寺社で供養してもらうか、自分でやる場合はきれいに洗って髪を整えてあげ、一日外に南向きに出してあげると霊が取れることが多いです。

太陽の光には浄化効果があります。特に明け方は絶好の除霊・浄霊タイムです。

⑨ご先祖様に参拝する

「霊に憑かれた」ということは、守護霊がご先祖様の場合、ご先祖様がつくる結界が弱くなっている証拠でもあります。守ってくださるようお祈りして、お墓が近くにあれば参拝に行き、お墓に何か問題が起きていないか、ぜひ確認されてください。

浄霊は霊力を使う中で最も難しい

次に浄霊について述べさせていただきます。除霊をした場合は霊は成仏せず一時的に離れるだけという場合も多いですが、浄霊をすると霊の残留思念・苦しみがなくなり、霊は次の次元に安らかに旅立ってくれます。

ただし、浄霊は今までご説明しました霊力を使う中で最も難しいものになります。

素人が安易に手を出すと、リスクがつきものなので、ヒーリングを完全にマスターしてから挑戦されることをお勧めします。

それでは、やり方についてご説明します。**浄霊の場合、霊がなぜ成仏できないのか、その残留思念の原因について突き止める必要**があります。それには、霊とチャネリングして悩みを聞いて、霊をヒーリングしてあげた上で、天に上げてあげます。

◎浄霊のやり方

①浄霊したい霊がいる部屋の中で、特に空気が重かったり、何か異様な気配を感じる場所に行きます。
②チャネリングの姿勢・呼吸法をとり集中します。集中力を高め、森羅万象・宇宙とつながりやすくするための儀式（☞68ページ）を、森羅万象・宇宙への感謝・尊敬の気持ちを込めてやり、自分の中に霊が入らないよう結界を張ります。
③第三の目で霊に視線を飛ばすと、あなたの頭上にある第一チャクラに霊のメッセージやイメージが入ってきます。「生涯、貧乏で借金まみれで自殺した」とか、「男に何度も裏切られ騙された」とか、「殺されたのに犯人が捕まらない」とかのメッセージ

です。

ちゃんとした言葉ではなく、簡略化したテレパシーで送られてきます。ここで気をつけなければならないのは、悩みを聞くのはよいのですが、**どんなにかわいそうな悩みでも同情してはいけない**ということです。あなたの役目は同情することでなく、残留思念を取り除くことだからです。

④霊はずっと話せる人を探していたので、悩みを吐き出して落ち着いたところで、ヒーリングをします。霊も人間と同じようにヒーリングができますので、生きている人間にヒーリングするときと同様に大自然や太陽・宇宙などプラスエネルギーの光をイメージしてみてください。そして、その光で霊を照らすイメージをしてください。

これで、霊の残留思念はだいぶ浄化されて、成仏しやすくなるはずです。

⑤ヒーリングが終わったら、第三の目から視線を天高く飛ばすとともに、第三の目から念力を天高くに飛ばすイメージをしてください。これにより、**「成仏するには、ここに行けばいいよ」と霊に道標《みちしるべ》を示すとともに、天に上がる霊道を通りやすくするのです。**

⑥終了したら、再度、森羅万象・宇宙への感謝・尊敬の気持ちを込めて、森羅万象・

宇宙とつながりやすくするための儀式（☞68ページ）を行います。

以上が浄霊のやり方になります。ただ、浄霊にはリスクもあるので、途中で体調が悪くなったらすぐにやめてください。

自分より念が強い霊の場合、チャネリングで話を聞いている時点で憑かれることがあります。

守護霊がやる気がない場合は守護霊を入れ替えてもよい

ここでは、特殊な浄霊のケースについてご紹介します。これもリスクを伴う高度な霊力なのですが、あまりよくない守護霊が憑いている場合に、守護霊を入れ替える方法です。

「え、守護霊って入れ替えていいの？」と大半の方が疑問に思われたことかと思います。前述の通り、守護霊は入れ替わることもあるし、途中で気に入られて増えることもあります。

ただし、**自分で自分の守護霊を入れ替えることはできません**。自分で自分の魂の卵とチャネリングするのも難しいのですが、これは自分のことを考えるとどうしても雑念が入ってしまうためです。

守護霊を入れ替えることが可能なのは、他人の守護霊で、かつ自分より念が弱い場合に限られます。相手の守護霊が弱々しく、守護することにも消極的で、物事に無関心でやる気がなさそうな霊の場合、入れ替えがしやすいです。

逆に、私に憑いているテンプル騎士団の魔術師のような強くて少々過保護でやる気満々な守護霊の場合は、「そこを動け！」といくら言っても、まず微動だにしてくれません。

守護霊を入れ替えた方が運気が上がる場合があります。**やる気がなく守護をあきらめきった守護霊より、やる気満々の強い守護霊に憑いてもらった方が運気が上がります**。

また、性格が暗く消極的な守護霊がいると、守護される側も暗く消極的になりやすい傾向があります。逆に明るく楽観的な守護霊に守ってもらっている場合は、同じく明るく楽観的になる傾向があります。

さらに、縁結びをする際に守護霊を入れ替えると、もともと守護霊との相性が悪かったのが、よくなる場合もあります。

しかし、だからといって安易に守護霊を入れ替えると、ご先祖様が守護してくれている場合、他のご先祖様の霊の怒りに触れることがあるので、ご注意ください。**守護霊を入れ替えてよいのは、どうしても入れ替えないと守られる側の身が危険になる場合のみです。**

①守護霊がやる気がなく、守護をあきらめきっていて、さっさと成仏したいと思っている場合

②憑いていることで悪影響が出る場合。例えば、昔たくさんの人を殺した武家の家系で、落ち武者が守護している場合、守ってくださることもありますが、その守護霊自体が怨みを買っていて、マイナスエネルギーを放っていることがあります。

守護霊の入れ替え方

それでは、守護霊の入れ替えのやり方をご説明します。

①チャネリングの姿勢をとり、呼吸法をし、集中します。集中力を高め、森羅万象・宇宙とつながりやすくするための儀式（☞68ページ）を、森羅万象・宇宙への感謝・尊敬の気持ちを込めてやり、自分の中に霊が入らないよう結界を張ります。

②守護霊を入れ替えたい相手に向けて、第三の目から視線を飛ばします。魂の卵の周りにいる守護霊の状態を確認します。

確認したところ、前述のようにやる気がなく、成仏したいと思っている場合、第三の目から視線を天高く飛ばすとともに、第三の目から念力を天高くに飛ばすイメージをしてください。「お疲れさまでした。もう十分頑張ったのですから、旅立たれて大丈夫ですよ。私が新しい守護霊を憑けるので安心してください」というテレパシーを送ります。

落ち武者のようにマイナスエネルギーを放つ守護霊の場合は、浄霊をするとき（☞148〜149ページ）と同じように第三の目から成仏につながる道標を示して成仏させます。
③以上で、今までいた守護霊がお役目を終えて成仏しますが、空いているスペースに新しい守護霊を入れる必要があります。それには、魂の卵の周りをもう少し広範囲に霊視します。
カメラの画角を今までより引きにするイメージです。すると、周りにいる霊が他にも見えてくるはずです。

周りにいる霊の中にはその人を気に入っていたけど、守護霊が憑いていたから、憑けなかったという霊たちもいるでしょう。その中から守護霊を選び、守護をお願いします。

なるべく光り輝くよいエネルギーを持った霊を憑けてあげると、その人の運気も上がります。その人が暗く消極的な人だった場合はより明るくなるでしょう。

霊に「この人を守ってくれませんか」とテレパシーを送ります。意外に「お安いご用です」と聞いてくれる霊が多いです。

霊の世界では、悪霊でない限り、現世にとどまる際には生きている人間を助けるのが常識とされているようです。

第 8 章

歴史上の
人物に
助けてもらおう

成仏しておらず、波長が合う人とチャネリングをして手助けを頼む

これまで、ヒーリング・呪い、そして除霊・浄霊について述べてきました。いずれも訓練すれば、どなたでもできるものですが、それでも霊力には個人差が出てきます。人間の他の能力と同様に、文系が苦手だったり理系が苦手だったり、スポーツが苦手だったりと、得意不得意は個人差が出るものなので仕方のないことです。一般的には念が強ければ強いほど霊力も強まります。

では、訓練しても、身につけられる霊力に限界があることはわかっているけれど、それでもヒーリングや祈祷をどうしてもしなければならない場合はどうすればよいのでしょうか。

自分にできないことは無理にやらず、できる人に頼めばよいのです。それは「怪しい自称霊能者に高額な料金を支払って依頼してください」という意味ではありません。

強い霊に頼めばよいのです。

悪霊でない限り、霊の世界では生きている人間を助けるのは日常茶飯事だと前に述べました。ただ、その代わりに霊が何かしらメッセージを伝えたがったり、何かお願いをされることはあります。

私は自分の力のみでやるには危険な依頼の場合、歴史上の人物で成仏しておらず、波長が合う人とチャネリングをして手助けをお願いしています。霊とのチャネリングのやり方は、生きている人の魂とチャネリングする場合と同様になります。

劇的な人生を歩んだ歴史上の有名な人物の多くはパワーも強いのに、「勝者がつくる歴史」によって悪人や祟り神に仕立て上げられた犠牲者である場合が多かったりします。そして、その汚名を返上したくて、「自分はそんな悪い奴じゃないよ、誤解だよ」というメッセージを伝えたがるのです。

そのような「勝者がつくる歴史」の犠牲者の一人に、平将門《たいらのまさかど》さんがいます。「将門の首塚の祟り」で有名な平将門さんですが、生前は大変人徳の高い方でいらしたようです。

平将門やヒトラーから「伝えてほしい」と頼まれたこと

将門さんの死後、彼を慕う人々は、将門さんの首が飛来した場所に念仏道場を建てたり、産土神《うぶすながみ》として将門を祀りました。その首塚を護持する神田明神は、江戸における平将門信仰を支えてきました。

江戸の町を守るため、神田明神を江戸城の鬼門の方角に据えたのは徳川家康ですが、将門の守護のおかげもあってか、江戸幕府は260年も続いたのです。

以前、ある難しい依頼を受けて将門さんに依頼人のご加護をお願いしたことがあります。将門さんは祟りや悪霊が持つようなどす黒いオーラは持っておらず、輝くばかりの黄金のオーラを持っていらっしゃいました。

そのとき、将門さんから「理解してくれる人のためだけでよいから、汚名を返上したい」と言われたので、「トカナ」(サイゾーが運営する不思議議系のニュースサイト)で記事にしたり私のブログにも書かせていただいたことがあります。将門さんのご加

平将門信仰を支えてきた神田明神

護は強く、その方は特に仕事運・金運が上がりました。

また、私が本書で紹介している一連の霊力・魔術のマスター法をマンツーマンで教えている「魔女講座」という講座があるのですが、その講座で「試しにアドルフ・ヒトラーとチャネリングしてみよう！」という話になりました。

ヒトラーというと第二次世界大戦を引き起こし、ユダヤ人を大量虐殺した20世紀の悪魔というイメージでしょうか。私もそのときはそのようなイメージを持っていたのですが、魂を見たらどす黒いものはなく純粋な白いオーラを持っていたのです。

チャネリングをしたら、「自分は国民のために命がけで頑張ったのに、騙されて利用された」と言っていました。もちろんここでヒトラーのやったことを擁護《ようご》するつもりはありません。彼のやったことは許されないと思いますが、どうも**ヒトラーを独裁者に仕立てて実際は裏で操っていた組織があり、その組織はアメリカともつながっていた**そうです。

実際、ヒトラーはいくつかの予言を残していて「ナチスは負ける」ということも知っていたようです。ナチスの経緯を見ると、ドイツ騎士団などオカルト的な結社がもとになっているようですが、オカルト大好きで純粋なヒトラーが、政治的支配を企む

巨大オカルト組織に利用され真実は隠蔽された、とも考えられると思います。

そのとき、ヒトラーは私にそのことをブログなどで書いてくれたら、今後何かあったら手助けをする、と言いました。

実際今もヒトラーとは瞬時につながるのですが、「日経平均株価は5月以降下落するから早く持ち株を売った方がいい。結局ユダヤしか儲からないシステムだ」という助言をくれてその通りになったこともありました。

ブルガリアの盲目の予言者ババ・ヴァンガ
（写真は YouTube より）

このような歴史上の人物は一般の霊より強力な念を持つため、彼らの放つテレパシーは第一チャクラに一般の霊よりすんなり入ってきます。ただし、オーラが黒ずんだ歴史上の人物とチャネリングすると、マイナスエネルギーも強烈で体調を崩してしまうので、すぐにやめた方がよいでしょう。

以前、ある番組でブルガリアの予言者ババ・ヴァンガ（１９１１～１９９６）とチャネリングしたのですが、そのときは私も久しぶりに持病のぜん息が出て、治療に２週間ほどかかりました。ババ・ヴァンガは第二次世界大戦を生きた「東欧のノストラダムス」といわれる有名な盲目の予言者ですが、あまりに当たりすぎる彼女の予言をナチスが政治的に利用しようとしたようです。

それが屈辱的な残留思念となったのか、彼女のオーラは黒ずんでいて強力なマイナスエネルギーを放っていました。

コラム　悪霊を寄せつけない部屋の条件とは

ここでは、悪霊を入れないためにはどのような部屋がよいか、解説します。何より清潔に掃除されて換気もされている部屋がよいのですが、こうするとさらによい気が入り悪い気が出ていく、という点をアドバイスします。

○玄関は明るさが大事です。日の当たらない玄関はよい気が入りにくいです。電球が暗い場合は明るめの電球に交換することをお勧めします。

○玄関に鏡を置くとさらに効果的です。鏡は風水の必須アイテムで、引き込んだ旺《おう》気《き》（よい気）を増幅する効果を持っています。

○観葉植物は風水のラッキーアイテムで、陰の気を陽の気に変える力があります。外から見て右側（家の中から見て左側）に置けば効果は倍増します。

○よい香りは人を惹きつけ、よい気を呼び込むにも効果的なので、アロマテラピーはお勧めです。

○風水では、テレビのような「音の出るもの」は東にレイアウトするのが吉とされます。これによって発展運が上がるといわれています。

また、ソファーは西側に置くとよいでしょう。東にテレビ、西にソファーというレイアウトは、「東から入ってきたよい情報を、その向かい側にあるソファーに座ってダイレクトに受け止める」という意味があり、開運に効果的です。

○テーブルは背の低い木製の丸いものが吉です。背が低く木製のものの方が大地のエネルギーを取り入れてくれます。

また、丸いテーブルは人間関係をUPしたり、金《きん》のエネルギーを象徴しています。四角いテーブルは、かしこまった席や目上の方をもてなすときに、上座《かみざ》に座らせることで、権威づけをする場合などに適しています。

○キッチン窓には風通しのよいカーテンをつけた方が窓からよい気が入ってきます。

○ゴミ箱は陰気が溜まりやすいため、注意したいポイントです。まずゴミを溜めない（陰気を溜めない）、そして臭わせない（嫌気《けんき》［悪い気］を防ぐ）、最後に、ゴミを見せない（辛気臭さを払う）ことが重要です。安っぽいプラスチック製のものより、しっかりとした作りの木製、金属製のものがよいでしょう。

○冷蔵庫は金運と関連があります。風水的には中身も外側もゴチャゴチャした印象を与える冷蔵庫は凶で、すっきり清潔できれいな冷蔵庫が吉とされます。

中身は清潔にし、賞味期限切れの食品をいつまでも残したままにしていると、「陰の気」をまとってしまいます。また外側はマグネットなどは貼らず、すっきりした印象にする方がよいでしょう。

○キッチンのシンクとコンロの間に小さな観葉植物を置くと吉です。「水」と「火」の中間に位置する「木」の気を入れると、余分な水の気は吸って、火の気を強める作用があります。これで、キッチン全体の気のバランスも整います。

○足を拭くためのマットは、身にまとってしまった悪い気を他の部屋に持ち込まないようにするのに重要なアイテムです。自然素材のものがよく、布製だと湿気を帯びやすいので、何日も同じものを使わず、きれいな状態のものを使った方がよいでしょう。色は、暖色系のパステルカラーが吉です。

○水の気が強いバスルームに黒いアイテムを置くと「陰の気がこもりやすくなる」といわれています。同じ理由で、残り湯を溜めておくことも凶です。

○悪臭は邪陰《じゃいん》となって災厄を運んでくるとされているので、トイレのアンモニア対策をすることは、風水的にとても大切なポイントとなります。芳香剤などで悪臭を消しても、そもそも「臭い」がすること自体が風水的にバランスを乱します。

ですから、まず臭いの原因となりやすい、床と便器の隙間、便器と便座の隙間、便座とふたの隙間を丁寧に掃除することが重要です。

また、便器のふたは必ず閉じましょう。昔から「**ふたなし便器に財運なし**」といわれてきました。また、世界中の大金持ちの家を調査したら、唯一の共通点が「トイレのふたが閉まっていた」という報告があります。

和式トイレの場合もスーパーマーケットやホームセンターなどで和式用便器カバーが販売されていますから、お買い求めになることをお勧めします。

○寝室は運を吸収するための部屋なので、運を逃がさないような処置をしなければなりません。カーテンが一重のものですと旺気が窓から流れ出てしまうので、これを二重にして流出を防ぐと吉です。

○寝ているとき、人間は周りの運気を吸収していますが、寝ている姿が鏡に映っていると、その運が鏡の中の姿にも流れていってしまいます。そうなると、本来吸収するはずの運気が少なくなってしまうので、寝姿が鏡に映らないようにしてください。

寝室に鏡を置かないのが一番ですが、鏡を移動させるのが難しい場合は、布などで隠すようにしてください。また、鏡でなくても、テレビやパソコンの画面など、反射して姿が映ってしまうようなものも要注意で、寝るときは布で覆っておいた方がよいでしょう。

コラム　運気がアップし、霊感も高まる日本・世界のパワースポット

では最後に、運気がアップし霊感も高まる国内外のパワースポットをご紹介します。パワースポットに関してはいろいろな本が出ているかと思いますが、私が行ってパワーを実感した場所についてのみご紹介します。

◎日本

熱田神宮《あつた》……名古屋市南部の熱田台地の南端に鎮座する神社。三種の神器《じんぎ》の一つである草薙剣《くさなぎのつるぎ》を祀る神社として知られています。

自然が多く、敷地内はよい気に満ちています。恋愛祈願に強く、ここで恋愛成就のお守りを買ったらパートナーが見つかったというケースがいくつもあります。

浅草寺……ご存じ、浅草にあるお寺です。ここの神様は人情深く、祈願を聞き入れてくださる確率が高いです。ただし、東京スカイツリーができてから結界の一部が崩れてしまい、若干パワーが弱まってはいます。

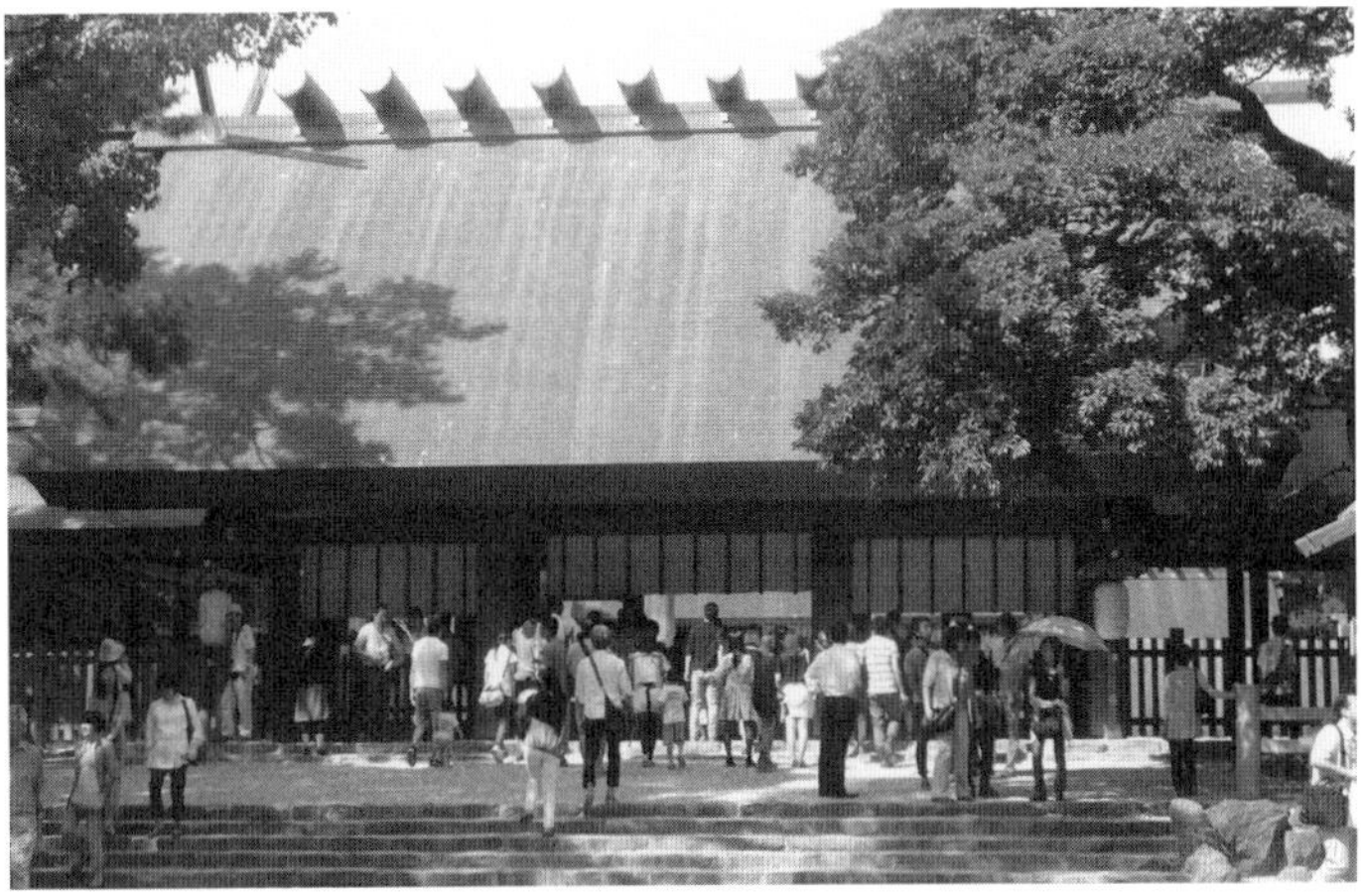
熱田神宮本宮

◎フランス

聖メダイ教会……パリにある小さな教会ですが、ヒーリングパワーは強いです。

1830年、修道女カタリナ・ラブレの前に聖母マリアが現れ、自分自身の姿を象《かたど》ったメダイ（メダル）を造り、身につけるように命じます。その言葉に従って造られたメダイを、コレラが流行した際に人々に配ったところ、コレラが終息したといわれています。

聖カタリナの遺体が今も腐敗せず、ここで祀られているといわれます。ここでメダイが1ユーロという良心的な価格で買えますが、この教会は本当によい気を持っています。

◎スペイン

サグラダ・ファミリア……ご存じアントニ・ガウディ（1852～1926）が建設した未完成の教会です。ガウディは敬虔《けいけん》なクリスチャンでしたが、一方でアニミズムや自然を崇拝していたといわれます。建物の形は森の木々をイメージして造られており、門には自然のレリーフが多数あります。

サグラダ・ファミリアの周囲には大自然がないのに、中に入ると不思議と森の中にいるような感覚にもなります。知人二人と2015年1月に行きましたが、そのうち一人は入った途端に肩こりが治って、またもう一人は風邪がよくなりました。

他にもサグラダ・ファミリアに入ったら体調がよくなった、という例が多数報告されているようです。

◎トルコ

パムッカレの石灰棚……トルコ西部・デニズリ県にある石灰華段丘《かだんきゅう》から成る丘陵地で、ユネスコの世界遺産に登録されています。

2世紀頃、ヒエラポリスというローマ帝国の都市が存在しました。パムッカレとはトルコ語で「綿の宮殿」という意味で、昔からこのあたりが良質の綿花の一大生産地であることによります。

炭酸カルシウム（石灰）が沈殿して、純白の棚田のような景観をつくり出しています。ここには自然が放つ強烈な気が存在します。温泉もあり、行かれた際にはぜひご利用されることをお勧めします。

◎バリ島

バリ島はパワースポットが非常に多い場所です。現地の人々に言わせると「島全

タマンアユン寺院の内庭

体がパワースポット」だそうです。

ただ、逆にパワースポットが多すぎて、霊感が強い方は疲れてしまうかもしれません。また、神様同士も相性があり、ヒンドゥー教の神様は個性的です。

いくつかのパワースポットに一度に参拝した場合、相性が悪い神様だと神様同士のパワーが不調和になることもあるので注意が必要です。そのため、ここでは、穏やかなエネルギーを持つパワースポットを一つご紹介しておきます。

タマンアユン寺院……海の岬の上に立つ小さな寺院です。高僧ニラルタが建てました。海の穏やかなエネルギーに包まれています。

参考サイト

○死後の世界
http://matome.naver.jp/m/odai/2138613451914891701
http://karapaia.livedoor.biz/archives/52174538.html

○チャクラ
http://chakra.kaiun-kofuku.com/

○魔女裁判
http://www.cosmos.zaq.jp/t_rex/fusigi_3/works/works_4_i.html

○ヒーリングの定義
Wikipedia「ヒーリング」

○風水

http://www.mwed.jp/tokimeki/1218/

○食事に関して

内海聡先生の Facebook

著者プロフィール

深月 ユリア（ふかつき ゆりあ）

1984年生まれ、慶応義塾大学法学部政治学科卒業。ポーランドとアイヌのハーフ。母方はポーランドの魔女の家系で幼少期から霊感を持つと本人がブログ等で公言してきた。

大学時代に芸能プロダクションにスカウトされ、数か月後に南米でも配給された映画「カタナーマン」で魔女役として女優デビューし国内外のメディアで活動する。ハリウッド映画「JUMPER」にも出演。大学卒業後は女優・モデル・ダンサーとして活動しつつ、プロダクション「深月事務所」を起業する。

2008年からは、占いの修行に励み、タロット・カバラ・手相占い師、祈祷師・呪術師としての活動を始める。自称「魔女系女優」。漫画原作ライターとしても活動中。現在、月刊ムー（学研）や不思議議系サイト「トカナ」（サイゾー）に陰謀説や心霊関係の記事を不定期寄稿している。

タロット占い、カバラ占い、手相占い、ヒーリング、ベリーダンス、フラメンコ、脚本、作詩、乗馬、合気道、ガンアクションなどをこなす才女で、英語、ポーランド語に堪能。

携帯サイト「魔女呪術師★ユリア」
http://majo.uranai.jp/
http://majo.uranai.mopita.com/

深月事務所ホームページ
http://fukatukioffice.web.fc2.com/

あなたも霊視ができる本

ポーランド系の魔女が霊を味方につける方法教えます

2016年５月30日　初版第１刷発行

著　者　深月 ユリア
発行者　瓜谷 綱延
発行所　株式会社文芸社
〒160-0022　東京都新宿区新宿１－10－１
電話　03-5369-3060（代表）
03-5369-2299（販売）

印刷所　図書印刷株式会社

ISBN978-4-286-17129-6